Nice

기초 영문법
완전정복

Nice 기초 영문법 완전정복

저 자 이수용
발행인 고본화
발 행 반석출판사
2024년 6월 10일 초판 3쇄 인쇄
2024년 6월 15일 초판 3쇄 발행
반석출판사 | www.bansok.co.kr
이메일 | bansok@bansok.co.kr
블로그 | blog.naver.com/bansokbooks

07547 서울시 강서구 양천로 583. B동 1007호
(서울시 강서구 염창동 240-21번지 우림블루나인 비즈니스센터 B동 1007호)
대표전화 02) 2093-3399   팩 스 02) 2093-3393
출 판 부 02) 2093-3395   영업부 02) 2093-3396
등록번호 제315-2008-000033호

Copyright ⓒ 이수용

ISBN 978-89-7172-945-8 (13740)

Nice

기초 영문법

완전정복

반석출판사
Bansok

 머리말

본 교재는 영어 초심자들을 위한 영문법 학습서이다. 주 학습 대상은 영어를 처음 공부하는 사람 혹은 초급 영어를 공부하는 사람이며, 초급 과정에서 반드시 알아야 하는 주요 문법 사항들을 체계적으로 정리하였다. 영어 초심자들을 위한 교재이므로 문법 설명은 가능한 한 어려운 용어들을 피하고 평이하고 명료한 설명으로 기초가 부족한 분들도 어려움 없이 이해할 수 있게 했다.

본 교재의 또 하나의 장점은 다양한 예문이다. 영문법 학습의 궁극적인 목적은 긴 문장, 또는 여러 개의 문장으로 구성된 지문을 이해하는 능력을 기르는 것이다. 다시 말해 영문법 학습은 단순히 우리말로 설명된 규칙을 암기하는 것이 아니라, 그 규칙이 영어 문장에서 실제로 어떻게 사용되고 활용되는지를 이해하는 것이다. 이 목적을 위해 본 교재는 각 문법 사항에 적용되는 다양한 예문들을 제공한다. 선별 작성된 문장들은 모두 초급 과정에 적합하고, 실생활에서도 활용 가능한 살아있는 표현들이다. 이 예문 학습을 통해 문법 규칙과 문장의 개념을 이해함과 동시에 어휘력과 독해력을 함께 배양할 수 있을 것이다.

연습문제(check-up test)는 각 chapter별로 제공된다. 여기서는 해당 chapter에서 배운 학습 내용을 얼마나 잘 이해하고 숙지하고 있는지를 스스로 점검할 수 있다. 문제 유형은 주로 문장 완성 문제이며 객관식과 주관식이 적절한 비율로 배합되어 있다. 이를 통해 단순히 선택지에서 정답을 찾는 요령을 익히는 것이 아니라, 어휘력, 문장 이해력, 그리고 영작문 능력에 이르기까지 종합적인 영어 능력을 향상시킬 수 있을 것이다.

본 교재는 전체 21개 chapter로 구성되며, chapter 당 3 - 5개의 sub chapter를 갖는다. 본 교재를 선택하여 책의 첫 페이지를 펼친 후, 꾸준히 그리고 성실하게 학습한다면, 2 - 3 개월 이내에 탄탄한 기본 영어 실력을 갖춘 자신을 발견하게 될 것으로 확신한다.

지은이

교재의 특징

1 compact한 구성

초급 과정에서 알아야 할 문법 내용을 주제별로 분류하여 21개 chapter로 정리하였다. 각 chapter는 3 - 5개의 sub chapter를 갖는다. 학습 내용은 대략 2 - 3개월이면 끝낼 수 있는 compact한 분량이다.

2 주제별 기본 개념 설명

각 chapter 또는 sub chapter의 첫 부분에는 주제별로 다루고자 하는 문법 규칙과 개념을 간략하게 설명한다. 이를 통해 문장 이해에 필요한 기본 문법 사항들을 미리 숙지할 수 있다.

3. 부정문

일반 동사의 부정문은 주어 + do not (don't) + 동사 원형으로 표현한다. 주어가 3 인칭 단수일 때는 does not (doesn't), 과거형은 did not (didn't)을 사용한다. 미래형은 will not 또는 won't로 표현한다.

Part 1 동사

a) 현재 시제 부정문

I do not drink coffee. 나는 커피를 마시지 않습니다.	

4. 의문문

일반 동사의 의문문은 주어 앞에 do를 위치시킨다. 3 인칭 단수일 때는 does, 과거형 의문문일 때는 did가 된다. 부정문을 의문문으로 나타내고자 할 때는 don't, doesn't, 그리고 didn't를 사용한다. 이때 동사는 주어의 인칭이나 수, 그리고 문장의 시제와 관계없이 원형으로 표현해야 한다.

a) 긍정 의문문

Do I have to attend the meeting? 회의에 내가 참석해야 하나요?	

3 다양한 예문

문법 개념 및 규칙을 단순히 이론으로만 암기하는 것이 아니라, 다양한 예문을 통해 문장 속에서 이해할 수 있게 했다.

3. 조동사와 be 동사

be 동사가 조동사와 함께 쓰일 때는, 주어의 인칭, 수, 또는 문장의 시제와 관계없이 동사 원형 be를 사용한다.

I will be back in an hour. 나는 한 시간 내로 돌아올 것이다. **They will be here soon.** 그들은 곧 이곳에 도착할 것이다. **He will be a few minutes late for the meeting.** 그는 회의에 몇 분 늦을 것입니다. **It should be ready within an hour.** 한 시간 내로 준비가 될 것입니다.	I am back. → I will be back. 돌아왔다. → 돌아올 것이다.

3. 부정문

일반 동사의 부정문은 주어 + do not (don't) + 동사 원형으로 표현한다. 주어가 3 인칭 단수일 때는 does not (doesn't), 과거형은 did not (didn't)을 사용한다. 미래형은 will not 또는 won't로 표현한다.

a) 현재 시제 부정문

I do not drink coffee. 나는 커피를 마시지 않습니다. **We do not agree with your opinion.** 우리는 당신의 의견에 동의하지 않습니다. **Jessica doesn't go to church.** 제시카는 교회에 가지 않는다.	* agree with (to) … 에 동의하다

b) 과거 및 미래 시제 부정문

They didn't become close friends until recently. 그들은 최근까지 친한 친구가 아니었다. (최근에 친구가 되었다.)	

4 어휘 및 관용구 학습

예문에서 사용된 중요 어휘나 관용 표현들은 오른쪽 column에 따로 발췌하여 부연 설명을 했다. 필요한 경우 이미지를 통한 시각적 효과를 이용하여 이해를 돕고 기억에 오래 남을 수 있게 했다.

---

b) 부정 의문문

Don't you think he is smart?
그가 영리하다고 생각하지 않아?

Doesn't she look like an athlete?
그녀가 육상선수처럼 보이지 않아?

Didn't we meet somewhere before?
우리 전에 어디선가 만난 적 있지 않나요?

Didn't you see Mike yesterday?
너 어제 마이크 만나지 않았어?

* 부정 의문문은 yes의 답을 기대하거나 동의를 요구할 때 주로 사용되는 의문문이다.

athlete

 Build up your vocabulary

athlete 운동선수, 육상선수 | **athletic** 육상의, 육상 경기의, (몸이) 탄탄한

---

c) 의지, 소망을 나타내는 조동사: will, would

It will rain tomorrow.
내일은 비가 올 것이다. (미래)

I will go ahead.
내가 해보겠습니다. (의지)

I won't go to the party.
나는 그 파티에 가지 않겠다. (의지) * won't = will not

I will call you when I arrive.
도착하면 전화하겠습니다. (미래 약속)

You won't get in unless you have an invitation.
초청장이 없으면 들어가지 못할 것이다. (미래)

He wouldn't care whether she comes or not.
그녀가 오건 오지 않건 그는 개의치 않을 것이다. (추측)

We would go fishing to the lake every weekend.
우리는 주말마다 호수로 낚시를 가곤 했다. (과거의 습관)

* will은 미래 조동사임과 동시에 주어의 의지나 소망을 표현한다.

go fishing

* would는 과거의 습관을 표현할 수도 있다: …하곤 했다.

5 연습 문제

Main chapter에서 학습한 내용을 연습문제를 통해 재확인하는 복습과정이다. 가능한 객관식 선택 문제를 최소화하고 문장 완성 또는 서술형 문제를 통해 문법 실력만이 아니라 문장 및 구문에 대한 이해도도 함께 향상시키는 구성으로 꾸몄다. 이를 통해 어휘력, 문장 이해력, 그리고 영작문 능력에 이르기까지 종합적인 영어 능력을 향상시킬 수 있게 했다.

---

11 – 15. 다음 문장을 부정문으로 바꾸어 쓰세요.

11. He is broke. → _____

12. I will be busy tomorrow. → _____

13. She was absent yesterday. → _____

14. He is an expert on international law. → _____

15. This information is available to the public. → _____
_____

* broke 무일푼의, 빈털터리의, 파산한

---

21 – 25. 우리말과 같은 뜻이 되도록 빈·칸에 알맞은 단어를 쓰세요.

21. 바깥 날씨는 차고 바람이 분다.

The weather outside _____ cold and windy.

22. 우리 형은 프로 야구 선수이다.

My brother _____ a professional baseball player.

23. 나는 차가 고장이 나서 약속에 늦었다.

My car broke down, so I _____ late for my appointment.

24. 어젯밤에 어디 있었던 거야? 너를 사방으로 찾아 다녔지.

Where _____ you last night? I _____ looking all over for you.

25. 7월과 8월은 호주에서 일 년 중 가장 추운 달이다.

July and August _____ the coldest months of the year in Australia.

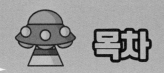

목차

Part 1

동사

be 동사

be 동사는 주어의 존재나 상태를 나타내는 동사로서 '…이다' 또는 '… 있다'로 해석한다.

> **What he said is true.**
> 그가 했던 말은 사실이다.
>
> **My uncle is a carpenter.**
> 나의 삼촌은 목수이다.
>
> **His office is on the top floor.**
> 그의 사무실은 맨 위층에 있다.
>
> **There are many restaurants in the city center.**
> 시내에는 많은 식당들이 있다.

carpenter

1. 인칭, 수, 시제에 따른 be 동사의 변화

동사 원형은 be이며 인칭과 시제에 따라 다음과 같이 변화한다.

주어	현재	과거	미래
I	am	was	will be
You	are	were	will be
He / She / It	is	was	will be
We	are	were	will be
You	are	were	will be
They	are	were	will be

 Build up your vocabulary

what he said 그가 했던 말 | **what he did** 그가 했던 행위 | **what he saw** 그가 본 것 | **carpenter** 목수 | **on the top floor** 맨 위층, 꼭대기 층

2. be 동사의 활용

긍정문, 부정문, 그리고 의문문에서 be동사가 어떻게 사용되는지 예문을 통해 알아보자.

a) 긍정문

She is a famous pianist. 그녀는 유명한 피아니스트이다. **He is handsome and intelligent.** 그는 미남이며 지적이다. **I was very busy all day yesterday.** 나는 어제 하루 종일 매우 바빴다. **The weather is fine today.** 오늘 날씨는 화창하다.	* 긍정문은 주어 + 동사 + 수식어의 순서로 문장을 표현한다.  **pianist**

b) 부정문

I am not hungry. 나는 배가 고프지 않다. **That is not my fault.** 그것은 내 잘못이 아니다. **It is not clear who will come.** 누가 올 것인지 확실하지 않다. **My uncle is not a doctor but a journalist.** 우리 삼촌은 의사가 아니라 기자이다.	* be 동사의 부정문은 be 동사 다음에 not을 붙인다. I am hungry. → I am not hungry. 나는 배가 고프다. → 나는 배가 고프지 않다.  **journalist**

 Build up your vocabulary

famous 유명한 | **fame** 명성 | **infamous** 악명 높은 | **journalist** 기자 | **journal** 신문, 잡지, 일기 | **journalism** 저널리즘 (신문 또는 방송을 위해 기사를 모으고 쓰는 일)

c) 의문문

Are you alone? 혼자 있어? **Are you tired?** 피곤해? **Is this your book?** 이 책은 네 것이니? **Where were you last night?** 너는 어젯밤에 어디 있었지?	* 의문문은 주어와 be 동사의 순서를 바꾸어 표현한다. You are alone. → Are you alone? 혼자 있구나. → 혼자 있어?  **alone**

3. 조동사와 be 동사

be 동사가 조동사와 함께 쓰일 때는, 주어의 인칭, 수, 또는 문장의 시제와 관계없이 동사 원형 be를 사용한다.

I will be back in an hour. 나는 한 시간 내로 돌아올 것이다. **They will be here soon.** 그들은 곧 이곳에 도착할 것이다. **He will be a few minutes late for the meeting.** 그는 회의에 몇 분 늦을 것입니다. **It should be ready within an hour.** 한 시간 내로 준비가 될 것입니다.	I am back. → I will be back. 돌아왔다. → 돌아올 것이다.

 Build up your vocabulary

alone 혼자인, 단독으로 | **lonely** 외로운, 쓸쓸한 | **lonesome** 인적이 드문, 외진 |
loneliness 고독, 외로움

Check-up Test 1

1 – 5. 빈 칸에 알맞은 단어를 보기에서 찾아 쓰세요.

| am   are   is |

1. You _____ brave.

2. My uncle _____ a soldier.

3. It _____ windy outside.

4. I _____ glad to see you.

5. She _____ a famous writer.

6 – 10. 빈 칸에 알맞은 단어를 보기에서 찾아 쓰세요.

| was   were   be |

6. It will _____ dark soon.

7. The street _____ empty last Friday.

8. We _____ all tired after a long walk.

9. You should _____ on time at the meeting.

10. There _____ ten eggs on the table this morning.

11 – 15. 다음 문장을 부정문으로 바꾸어 쓰세요.

11. He is broke. → _____

12. I will be busy tomorrow. → _____

13. She was absent yesterday. → _____

14. He is an expert on international law. → _____

15. This information is available to the public. → _____
_____

* broke 무일푼의, 빈털터리의, 파산한

15 ●

16 – 20. 다음 문장을 의문문으로 바꾸어 쓰세요.

16. Jane is angry with you. → _____

17. It will be hot tomorrow. → _____

18. The sky was clear last night. → _____

19. You were at school yesterday. → _____

20. Tom was at the library this morning. → _____

21 – 25. 우리말과 같은 뜻이 되도록 빈 칸에 알맞은 단어를 쓰세요.

21. 바깥 날씨는 차고 바람이 분다.

The weather outside _____ cold and windy.

22. 우리 형은 프로 야구 선수이다.

My brother _____ a professional baseball player.

23. 나는 차가 고장이 나서 약속에 늦었다.

My car broke down, so I _____ late for my appointment.

24. 어젯밤에 어디 있었던 거야? 너를 사방으로 찾아 다녔지.

Where _____ you last night? I _____ looking all over for you.

25. 7월과 8월은 호주에서 일 년 중 가장 추운 달이다.

July and August _____ the coldest months of the year in Australia.

Chapter 2 일반 동사

일반 동사는 주어의 행위나 동작을 나타내는 단어로 be 동사와 조동사를 제외한 나머지 모든 동사를 의미한다.

> **You look tired today.**
> 너는 오늘 피곤해 보인다.
>
> **I visited Paris last summer.**
> 나는 지난 여름 파리를 방문했다.
>
> **Jessica met an old friend at the party.**
> 제시카는 파티에서 옛 친구를 만났다.
>
> **Boys play football on the ground.**
> 소년들이 운동장에서 축구를 한다.

play football

1. 동사 변화 1 (3 인칭 단수 현재)

문장의 주어가 3 인칭 단수이고 시제가 현재일 때 동사의 어미에 s 또는 es를 붙인다.

> **He lives in Italy.**
> 그는 이태리에 살고 있다.
>
> **Jenny often eats alone.**
> 제니는 종종 혼자서 식사한다.
>
> **Alice teaches French at a college.**
> 앨리스는 대학에서 프랑스어를 가르친다.
>
> **Jack travels around the world and earns a lot of money.**
> 잭은 전세계를 여행하며 많은 돈을 번다.

eat alone

3 인칭 단수 동사의 어미 변화는 다음과 같은 규칙을 갖는다.

i) ch, s, sh, x, z로 끝나는 동사는 es를 붙인다.

search → searches (찾다)	miss → misses (놓치다)	pass → passes (통과하다)
rush → rushes (서두르다)	mix → mixes (섞다, 혼합하다)	buzz → buzzes (윙윙거리다)

ii) 자음 + y로 끝나는 동사는 y를 i로 바꾸고 es를 붙인다.

cry → cries	study → studies	try → tries

* 모음 + y로 끝나는 동사는 y를 바꾸지 않고 그대로 s를 붙인다.
  play → plays   obey → obeys (따르다, 순종하다)   stay → stays

iii) 불규칙 변화 동사

do → does	go → goes	have → has

* o로 끝나는 동사는 단어에 따라 s 또는 es를 붙인다.
  echo → echoes (울리다, 메아리치다)   radio → radios (무선으로 연락하다)

iv) 위의 세 가지 사항이 아닌 모든 일반 동사는 단어 끝에 s를 붙인다.

keep → keeps	talk → talks	run → runs

 Build up your vocabulary

last adj 최종의, 마지막의, 지난 v 견디다, 계속하다, 지속하다 | **lasting** 지속적인, 영속적인

2. 동사 변화 2 (시제)

동사는 현재, 과거, 과거 분사 세 가지 형태를 가지며, 규칙적으로 변하는 규칙 동사와 불규칙적으로 변하는 불규칙 동사가 있다.

a) 규칙 변화 동사

i) 규칙 동사는 동사 원형에 ed를 붙인다. 이는 과거형과 과거 분사형이 동일하다.

현재 (동사 원형)	과거	과거 분사
ask	asked	asked
help	helped	helped
talk	talked	talked

ii) 어미가 e로 끝나는 동사는 d만 붙인다.

현재 (동사 원형)	과거	과거 분사
believe (믿다)	believed	believed
create (창조하다)	created	created
decide (결정하다)	decided	decided

iii) 어미가 자음 + y로 끝나는 동사는 y를 i로 바꾼 후 ed를 붙인다.

현재 (동사 원형)	과거	과거 분사
try	tried	tried
carry (운반하다)	carried	carried
marry	married	married

* 그러나 모음 + y로 끝나는 동사는 y 다음에 그대로 ed를 붙인다: play – played – played.

iv) 단음절 동사가 단모음 + 단자음으로 끝나면 마지막 자음을 하나 더 붙인 후 ed를 붙인다.

현재 (동사 원형)	과거	과거 분사
stop	stopped	stopped
plan	planned	planned
occur (발생하다)	occurred	occurred

b) 불규칙 변화 동사

불규칙적으로 변하는 동사이므로 각각의 단어를 외워야 한다. 불규칙 동사는 다음과 같은 패턴을 갖는다.

i) AAA 형

현재 (동사 원형)	과거	과거 분사
let hit cut	let hit cut	let hit cut

ii) ABA 형

현재 (동사 원형)	과거	과거 분사
come become run	came became ran	come become run

iii) ABB 형

현재 (동사 원형)	과거	과거 분사
feel find keep bring buy	felt found kept brought bought	felt found kept brought bought

iv) ABC 형

현재 (동사 원형)	과거	과거 분사
do eat see drive take	did ate saw drove took	done eaten seen driven taken

3. 부정문

일반 동사의 부정문은 주어 + do not (don't) + 동사 원형으로 표현한다. 주어가 3인칭 단수일 때는 does not (doesn't), 과거형은 did not (didn't)을 사용한다. 미래형은 will not 또는 won't로 표현한다.

a) 현재 시제 부정문

I do not drink coffee. 나는 커피를 마시지 않습니다. **We do not agree with your opinion.** 우리는 당신의 의견에 동의하지 않습니다. **Jessica doesn't go to church.** 제시카는 교회에 가지 않는다.	* agree with (to) … 에 동의하다

b) 과거 및 미래 시제 부정문

They didn't become close friends until recently. 그들은 최근까지 친한 친구가 아니었다. (최근에 친구가 되었다.) **She did not say anything at the meeting.** 그녀는 회의에서 아무 말도 하지 않았다. **He will not join us for dinner tonight.** 그는 오늘밤 우리와 식사를 함께 하지 않을 것이다. **I won't be able to attend the meeting.** 나는 그 회의에 참석할 수 없을 것입니다.	* join 가입하다, 연결하다

 Build up your vocabulary

agree 동의하다 | **agreement** 동의, 협정, 합의 | **disagree** 동의하지 않다 |
attend 참석하다 | **attendance** 출석, 참석, 참석자 수

4. 의문문

일반 동사의 의문문은 주어 앞에 do를 위치시킨다. 3인칭 단수일 때는 does, 과거형 의문문일 때는 did가 된다. 부정문을 의문문으로 나타내고자 할 때는 don't, doesn't, 그리고 didn't를 사용한다. 이때 동사는 주어의 인칭이나 수, 그리고 문장의 시제와 관계없이 원형으로 표현해야 한다.

a) 긍정 의문문

Do I have to attend the meeting?
회의에 내가 참석해야 하나요?

Do we have any sugar left?
우리 설탕 남은 것 있어?

Do you believe in ghosts?
당신은 귀신이 있다고 믿나요?

Does he speak Japanese?
그는 일본어를 말합니까?

Did you watch the news yesterday?
어제 뉴스 봤나요?

Did he drive her home last night?
그는 어젯밤 그녀를 차로 집까지 바래다주었나요?

* watch the news 뉴스를 보다

b) 부정 의문문

Don't you think he is smart?
그가 영리하다고 생각하지 않아?

Doesn't she look like an athlete?
그녀가 육상선수처럼 보이지 않아?

Didn't we meet somewhere before?
우리 전에 어디선가 만난 적 있지 않나요?

Didn't you see Mike yesterday?
너 어제 마이크 만나지 않았어?

* 부정 의문문은 yes의 답을 기대하거나 동의를 요구할 때 주로 사용되는 의문문이다.

athlete

 Build up your vocabulary

athlete 운동선수, 육상선수 | **athletic** 육상의, 육상 경기의, (몸이) 탄탄한

Check-up Test 2

1 - 5. 보기에 주어진 동사의 3인칭 단수형을 이용하여 문장을 완성하세요.

| get   cry   fly   live   speak |

1. Daniel _____ Italian.

2. My uncle _____ in London.

3. The baby _____ every night.

4. The boy _____ up early every morning.

5. Bob _____ a kite in the park every weekend.

6 - 10. 보기에 주어진 동사의 과거형을 이용하여 문장을 완성하세요.

| arrive   nod   occupy   sing   spill |

6. Allen _____ late for the party.

7. The soldiers _____ the village.

8. Someone _____ coffee on my computer.

9. Everyone in the classroom _____ in agreement.

10. Michael played the piano for her while Adele _____.

11 - 15. 보기에 주어진 동사의 과거형을 이용하여 문장을 완성하세요.

| eat   build   drive   hide   put |

11. The boy _____ behind his mother.

12. She _____ too much sugar in the coffee.

13. My uncle _____ this barn all by himself.

14. Jacob _____ his sister to the airport.

15. Someone _____ my sandwiches in the fridge.

16 – 20. 다음 문장을 부정문으로 바꾸어 쓰세요.

16. Thomas likes physics. → _____

17. Maria speaks Spanish. → _____

18. They understand each other. → _____

19. I know why she is mad at me. → _____

20. We meet very often recently. → _____

21 – 25. 다음 문장을 의문문으로 바꾸어 쓰세요.

21. He works hard. → _____

22. Susan swims very well. → _____

23. She did not sleep well last night. → _____
_____

24. Daniel bought a new bike yesterday. → _____
_____

25. We didn't go to the beach last Sunday. → _____
_____

조동사

Chapter 3

조동사는 be 동사 또는 일반 동사 앞에 위치하여, 문장의 형태를 바꾸거나 동사 본래의 의미에 보조적인 의미를 더해주는 동사이다. 조동사는 주어의 인칭이나 단수 복수와 관계없이 항상 같은 형태로 쓰인다. 그리고 조동사 다음에 오는 동사는 언제나 동사 원형을 사용해야 한다. 조동사는 크게 두 가지 종류로 나눌 수 있다. 하나는 문장의 문법적 기능을 바꾸는 조동사이며, 다른 하나는 부가적인 의미를 더해주는 조동사이다.

1. 문법적 기능을 바꾸는 조동사

be, have, do 는 문장의 문법적 기능을 바꾸는 조동사이다. 문장의 의미 변화 없이 진행형, 수동형, 완료형, 그리고 의문문과 부정문을 만들 때 사용된다.

a) be: 진행형과 수동형의 문장을 만든다.
b) have: 완료형 문장을 만든다.
c) do: 의문문 또는 부정문을 만들기 위해 사용한다.

a) 진행형과 수동형 문장을 만드는 조동사: be

진행형	John builds a shed. 존은 헛간을 짓는다.	John is building a shed. 존은 헛간을 짓고 있는 중이다.
수동형	A cat chases a mouse. 고양이가 쥐를 쫓고 있다.	A mouse is chased by a cat. 쥐가 고양이에 의해 쫓기고 있다.

He is waiting for you.
그가 당신을 기다리고 있습니다.

She is making cookies in the kitchen.
그녀는 부엌에서 과자를 만들고 있다.

The wall was painted by Mike.
벽은 마이크에 의해서 칠해졌다.

The house is cleaned every Saturday.
그 집은 토요일마다 청소된다.

make cookies

b) 완료형 문장을 만들기 위해 사용하는 조동사: have

완료형	I do my homework. 나는 숙제를 한다. (* do는 일반 동사)	I have done my homework. 나는 숙제를 했다. (* 동작의 완료)

He has travelled around the world.
그는 세계 일주 여행을 했다.

I have watched the football match on television.
나는 TV로 축구 경기를 보았다.

I had never played baseball until last week.
나는 지난주 이전까지는 야구를 해본 적이 없었다.

The plane had left when we got to the airport.
비행기는 우리가 공항에 도착했을 때 이미 떠났다.

play baseball

c) 일반 동사의 의문문과 부정문을 만들기 위해 사용하는 조동사: do

* can, will, may 등 다른 조동사가 있는 문장에서는 do를 사용할 필요가 없다.

의문문	She likes coffee. 그녀는 커피를 좋아한다.	Does she like coffee? 그녀는 커피를 좋아하나요?
부정문	He likes Mexican food. 그는 멕시코 음식을 좋아한다.	He does not like Mexican food. 그는 멕시코 음식을 좋아하지 않는다.

Do you keep your dog in the house?
당신은 당신의 개를 집안에서 기르나요?

Did Jessica call you this morning?
제시카가 오늘 아침 당신에게 전화를 했나요?

I do not have much time available.
나는 시간의 여유가 별로 없다.

Peter does not want to talk with Monica.
피터는 모니카와 대화하기를 원하지 않는다.

call

 Build up your vocabulary

airport 공항 | **aircraft** 항공기 | **seaport** 항구도시 | **transport** ⓥ 수송하다 ⓝ
수송, 이동

2. 부가적 의미를 첨가해주는 조동사

다음은 능력, 가능성, 허가, 또는 의무 등과 같은 부가적인 의미를 첨가해주는 조동사들이다.

a) can, could: 능력, 허가, 가능성
b) may, might: 허가, 추측
c) will, would: 의지, 소망
d) should, must, have to: 의무, 필요, 금지
e) need, ought to: 의무, 필요, 충고, 권고
f) used to: 과거의 습관

a) 능력, 허가, 또는 가능성의 의미를 갖는 조동사: can, could

I can fix it.
나는 그것을 고칠 수 있다. (능력)

You can go home now.
이제 집에 가도 좋다. (허가)

Can I use your cell phone?
휴대폰 좀 사용해도 될까요? (허가)

It could happen to anyone.
그것은 누구에게나 일어날 수 있다. (가능성)

You could win the game. (≠ You won the game.)
당신은 그 경기에서 이길 수 있었다. (과거의 능력: 실제로는 이기지 못했다.)

fix

b) 허가, 추측을 나타내는 조동사: may, might

It may rain tomorrow.
내일 비가 올지도 모른다. (추측)

You may leave now. (= You can leave ...)
이젠 가도 좋습니다. (허가)

May I ask why you rejected his offer? (= Can I ask ...?)
왜 그의 제안을 거절했는지 물어봐도 될까요? (허가)

What he said might be true.
그가 한 말은 사실일지 모른다. (may 보다 불확실한 추측)

He might have missed the plane.
그는 비행기를 놓쳤을지도 모른다. (과거에 대한 불확실한 추측)

*miss the plane 비행기를 놓치다

c) 의지, 소망을 나타내는 조동사: will, would

It will rain tomorrow.
내일은 비가 올 것이다. (미래)

I will go ahead.
내가 해보겠습니다. (의지)

I won't go to the party.
나는 그 파티에 가지 않겠다. (의지) * won't = will not

I will call you when I arrive.
도착하면 전화하겠습니다. (미래 약속)

You won't get in unless you have an invitation.
초청장이 없으면 들어가지 못할 것이다. (미래)

He wouldn't care whether she comes or not.
그녀가 오건 오지 않건 그는 개의치 않을 것이다. (추측)

We would go fishing to the lake every weekend.
우리는 주말마다 호수로 낚시를 가곤 했다. (과거의 습관)

* will은 미래 조동사임과 동시에 주어의 의지나 소망을 표현한다.

go fishing

* would는 과거의 습관을 표현할 수도 있다: … 하곤 했다.

d) 의무, 필연, 필요, 또는 금지를 나타내는 조동사: should, must, have to

I should go now.
나는 지금 가야 합니다. (의무)

You should listen to his advice.
당신은 그의 충고에 귀를 기울여야 합니다. (필요)

She must be angry.
그녀는 화가 났음에 틀림이 없다. (필연)

You must not accept the offer.
당신은 그 제안을 받아들여서는 안됩니다. (금지)

Emergency exits must be kept clear at all times.
비상구에는 항상 방해물이 있어서는 안 된다. (필요)

I have to apologize to her for what I said.
내가 했던 말을 그녀에게 사과해야 한다. (의무)

You don't have to wear a suit and tie to the meeting.
그 회의에 넥타이 정장을 입고 갈 필요는 없다. (필요)

wear a suit and tie

* don't have to는 '…할 필요가 없다,' 즉 need not과 동일한 의미를 갖는다.

e) 의무, 필요 또는 충고의 의미를 나타내는 조동사: need, ought to

We need to take a break.
우리는 휴식이 필요하다. (필요)

He needs to go to Washington next month.
그는 다음 달 워싱턴에 가야 한다. (필요, 의무)

Being healthy need not cost a fortune.
(= Being healthy doesn't have to cost a fortune.)
건강을 지키기 위해서 꼭 많은 비용이 필요한 것은 아니다. (필요)

You ought to see a doctor.
너는 의사의 진찰을 받아야 한다. (충고)

You ought to apologize to her.
너는 그녀에게 사과를 해야 한다. (충고)

We ought not to ignore his advice.
우리는 그의 조언을 무시해서는 안 된다. (충고)

* need는 조동사로도 일반동사로도 쓰인다. 그러나 어느 쪽으로 쓰여도 의미의 차이는 없다.

see a doctor

f) 과거의 습관을 나타내는 조동사: used to (…하곤 했다)

I used to play here.
나는 여기서 놀곤 했다.

He used to live in Boston.
그는 과거 보스턴에서 살았던 적이 있다.

We used to play football every week.
우리는 매주 축구를 하곤 했다.

My dad used to smoke, but he quit last year.
아빠는 담배를 피우셨지만, 지난 해 끊으셨다.

People used to think the earth was flat in the medieval time.
중세 시대 사람들은 지구가 평평하다고 생각했다.

I used to watch cartoons almost every day when I was a little boy.
나는 어린 아이였을 때 거의 매일 만화 영화를 보곤 했다.

watch cartoons

* 과거의 습관을 표현하는 would와 used to의 차이
일반적으로 말해 과거의 불규칙적인 습관은 would, 규칙적인 습관은 used to로 표현한다. 그러나 규칙과 불규칙의 정의 자체가 다분히 주관적인 소지가 있으므로, 경우에 따라서는 서로 차이 없이 사용되기도 한다.

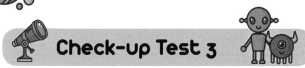

Check-up Test 3

1 – 5. 빈 칸에 알맞은 조동사를 보기에서 찾아 문장을 완성하세요.

> do   does   is   are   was

1. I _____ not like mushroom soup.

2. Mom _____ cooking in the kitchen.

3. _____ you coming to the party tonight?

4. _____ he know how to make an apple pie?

5. The building _____ built by a famous architect last year.

6 – 10. 빈 칸에 알맞은 조동사를 보기에서 찾아 문장을 완성하세요.

> can   do   did   have   have to

6. I _____ not finished my work yet.

7. What _____ you do every Saturday?

8. What _____ you do last Tuesday?

9. Don't worry. I _____ take care of it for myself.

10. I feel exhausted so I _____ stay at home tonight.

11 – 15. 빈 칸에 알맞은 조동사를 보기에서 찾아 문장을 완성하세요.

> could   have to   may   should   would

11. I think you _____ get some exercise.

12. _____ you bring me something to drink?

13. I _____ like to thank you for all your help.

14. I _____ go to Paris this summer but I am still not sure.

15. You don't _____ go to the party if you don't want to.

16 – 20. 빈 칸에 알맞은 조동사를 찾아 문장을 완성하세요.

16. You _____ not leave your door unlocked when you go out.
   a) do   b) may   c) will   d) should

17. This is a free parking lot. You _____ pay to park your car.
   a) cannot   b) may not   c) don't have to   d) should not

18. I _____ get to the meeting on time this morning, because I got stuck in traffic.
   a) couldn't   b) wouldn't   c) shouldn't   d) didn't have to

19. There _____ be something wrong with my computer. It is making very unusual noises.
   a) can   b) must   c) need   d) should

20. Smoking is prohibited in all offices. That means you _____ not smoke inside the building.
   a) has   b) might   c) must   d) would

21 – 25. 빈 칸에 알맞은 조동사를 보기에서 찾아 대화를 완성하세요.

did   have to   must   should   will

21. A: My child is nine. Do I _____ buy him a ticket?

   B: Yes, you do. A child's ticket costs half the adult ticket price.

22. A: Your sneakers look fantastic. Where _____ you buy them?

   B: These shoes? Thank you. I bought them at a shoe store downtown.

23. A: How is the weather going to be this weekend?

   B: The weather forecast says that it _____ be warm on the weekend.

24. A: You _____ not go into deep water if you cannot swim.

   B: Don't worry. I grew up near the beach.

25. A: _____ I wait any longer?

   B: I am sorry for keeping you waiting. He will be here in ten minutes.

Part 2

명사와
대명사

명사

Chapter 4

명사는 사람, 사물, 장소, 또는 느낌이나 감정 등을 표현하는 단어이다. 명사는 문장에서 주어나 목적어로 사용된다.

사람	사물	장소	감정
people children student doctor nurse	coin watch photo chair magazine	café bank airport hospital post office	love fear hope boredom (지루함) satisfaction (만족)

1. 명사의 역할

명사는 문장에서 주어, 보어, 목적어의 역할을 한다. 보어는 주격 보어와 목적격 보어, 목적어는 동사의 목적어와 전치사의 목적어가 있다.

주어	Jessica is smart. 제시카는 영리하다. My uncle runs a grocery store. 나의 삼촌은 식료품 가게를 운영한다.	Jessica (주어) uncle (주어)
보어	My father is a doctor. 아버지는 의사이다. James named his dog Rocky. 제임스는 그의 개를 Rocky로 이름 지었다.	doctor (주격 보어) Rocky (목적격 보어)
목적어	I bought shoes. 나는 구두를 샀다. My grandmother sent me a present. 할머니께서 내게 선물을 보내셨다. We will meet again after lunch. 우리는 점심 식사 후 다시 만날 것이다.	shoes (동사의 목적어) present (동사의 목적어) lunch (전치사의 목적어)

2. 명사의 수

셀 수 있는 명사는 모두 단수형과 복수형을 갖는다. 규칙 명사의 대부분은 어미에 s 또는 es를 붙이면 복수형이 된다. 일부 명사들은 불규칙 복수 형태를 갖는다.

a) 단어의 끝에 s를 붙이는 명사

대부분의 명사는 어미에 s를 붙여서 복수형을 만든다.

cat → cats	apple → apples	boat → boats	house → houses

b) 단어의 끝에 es를 붙임

철자가 s, x, z, ch, sh로 끝나는 명사는 어미에 es를 붙인다.

box → boxes	class → classes	match → matches	wish → wishes

* 주의: stomach → stomachs (위, 배)

c) 철자가 o로 끝나는 명사는 s 또는 es를 붙인다.

solo → solos	zero → zeros	zoo → zoos	studio → studios
echo → echoes	hero → heroes	buffalo → buffaloes	potato → potatoes

* 아래 단어들은 복수형으로 s 또는 es를 모두 취할 수 있다.

　mango → mangos / mangoes　　tornado → tornados / tornadoes

d) 자음 + y로 끝나는 단어는 y를 i로 바꾸고 es를 붙인다.

city → cities	party → parties	daisy → daisies	country → countries

e) 자음 또는 단모음 + f 또는 fe로 끝나면 f나 fe를 v로 바꾸고 es를 붙임

half → halves	leaf → leaves	knife → knives	scarf → scarves

* chief → chiefs (이중모음)

f) 단수 복수가 같거나 또는 전혀 다른 단어를 사용하는 명사도 있다.

fish → fish	sheep → sheep	deer → deer	aircraft → aircraft
child → children	mouse → mice	tooth → teeth	crisis → crises

3. 명사의 종류

명사는 일반적으로 보통명사, 고유명사, 물질명사, 추상명사, 집합명사로 분류된다. 이들은 다시 수를 셀 수 있는 가산명사(countable noun)와 수를 셀 수 없는 불가산명사(uncountable noun)로 분류될 수 있다. 보통명사와 집합명사는 가산명사에 속하고, 물질명사와 추상명사 그리고 고유명사는 불가산명사에 속한다. 그러나 불가산명사들도 단어의 의미와 문맥에 따라 가산명사로 전용될 수 있기 때문에 이 구분은 절대적인 것은 아니다.

가산명사 (countable noun)	보통명사 (common noun) 집합명사 (collective noun)
불가산명사 (uncountable noun)	고유명사 (proper noun) 물질명사 (material noun) 추상명사 (abstract noun)

a) 보통명사

보통명사는 일반적인 사물에 공통적으로 적용되는 명칭이다. 보통명사는 단수일 경우 부정관사 a나 an을 사용하고, 복수인 경우 어미에 s 나 es를 붙인다. 이 외에도 지시 형용사를 사용하여 단수, 복수를 나타낼 수 있다: this book 또는 these books.

bottle	bookcase	castle	restaurant
doctor	carpenter	businessman	lawyer

An old castle stands on the hill.
옛 성이 언덕 위에 서 있다.

This bookcase is too heavy to move.
이 책장은 너무 무거워 옮길 수가 없다.

Is there a good restaurant near here?
근처에 괜찮은 식당이 있나요?

He needs to hire a good lawyer to plead his case.
그는 자신의 사건을 변호해 줄 유능한 변호사가 필요하다.

* plead 변호하다, 변론하다

castle

b) 고유명사

고유명사는 특정한 사람이나 사물이 갖고 있는 고유한 이름을 나타내는 명사를 의미한다. 보통명사가 특정한 종류 전체를 나타낸다면, 고유명사는 사람의 이름, 또는 특정 사물이나 장소를 의미하는 고유의 명칭을 말한다: city (도시) — London (런던).

John	Anna	Monday	Chicago
London	Eiffel Tower (에펠 탑)	the Alps (알프스 산맥)	the Nile (나일 강)

Jackie is brave.
재키는 용감하다.

I will see you on Monday.
월요일에 만나.

She is a famous artist in London.
그녀는 런던에서 유명한 화가이다.

The Eiffel Tower is the tallest building in Paris.
에펠 탑은 파리에서 가장 높은 건물이다.

artist

c) 물질명사

물질명사는 기체나 액체 또는 식품 재료 등과 같이 일정한 형태를 갖고 있지 않은 물질을 나타내는 명사이다. 물질명사는 불가산명사이므로 원칙적으로는 부정관사나 복수형을 쓰지 않는다.

i) 물질명사의 예

air	wine	bread	cotton
coal	plastic	wood	gold

Let's get some fresh air.
신선한 공기를 좀 쐬자.

He put more coal in the stove.
그는 난로에 석탄을 더 넣었다.

This shirt is made of pure cotton.
이 셔츠는 순면으로 만들어졌다.

cotton

Part 2 명사와 대명사

Wisdom is more precious than gold. 지혜는 황금보다 더 소중하다.	

ii) 물질 명사의 수량 표시

물질명사의 수량은 단위를 나타내는 명사를 사용해서 표현한다. 복수는 단위 명사에 복수형 어미를 붙인다. 단위를 나타내는 명사는 물질을 담는 용기이거나 무게나 부피를 나타내는 단어가 된다.

a cup of coffee 커피 한 잔	a bottle of wine 와인 한 병	a shower of rain 한 차례의 소나기	a school of fish 물고기 한 무리
a crash of thunder 한 차례의 천둥	two slices of bread 빵 두 조각	three pounds of sugar 설탕 3 파운드	five pieces of paper 종이 다섯 장

Jack drinks a glass of milk every day. 잭은 우유를 매일 한 잔 마신다. **I bought a bottle of wine at the store.** 나는 상점에서 와인을 한 병 샀다. **We heard a crash of thunder in the distance.** 우리는 멀리서 한 차례의 천둥 소리를 들었다. **He added two teaspoons of sugar to his coffee.** 그는 커피에 설탕 두 스푼을 넣었다.	 **a bottle of wine**

d) 추상명사

추상명사는 성질이나 상태 또는 동작 등을 나타내는 관념적 단어들이다. 성질이나 상태를 나타내는 추상명사는 주로 형용사에서 파생된 단어들이며, 동작을 나타내는 추상명사는 대부분 동사에서 파생된 단어들이다.

형용사에서 파생된 추상명사	free → freedom kind → kindness brave → bravery (용기) wise → wisdom true → truth (진실) honest → honesty (정직)
동사에서 파생된 추상명사	read → reading inform → information believe → belief (믿음) educate → education know → knowledge obey → obedience (복종)

동사와 동일한 추상명사	aim (겨누다 → 목표) act (행동하다 → 행동) control (통제하다 → 통제) smell (냄새가 나다 → 냄새) taste (맛보다 → 맛, 미각) trust (믿다 → 신뢰)

그러나 art, beauty, skill, pain 등의 단어에서 볼 수 있듯이 명사가 형용사나 동사를 파생시키는 경우도 있다: beauty (미) – beautiful (아름다운) – beautify (아름답게 만들다).

e) 집합명사

집합명사는 동질의 무리나 집단을 나타내는 명사를 의미한다. 집합명사의 구성원이나 구성요소는 사람, 동물, 또는 사물 등이 될 수 있다.

i) 집합명사의 예

bunch (다발, 송이)	crowd	group	crew (승무원)
flock (떼, 무리)	pack (무리)	pair (쌍, 벌)	pile (더미, 무더기)

A pack of wolves attacked the deer.
늑대 한 무리가 사슴을 공격했다.

Joe bought a bunch of roses for Anna.
조는 안나를 위해 장미 한 다발을 샀다.

The boy is carrying a pile of books in his arms.
소년은 양팔에 책 한 무더기를 들고 있다.

There was a crowd of people in front of the building.
건물 앞에는 많은 인파가 있었다.

a pile of books

ii) 집합명사의 수 표현

집합명사는 부정관사 (a, an), 또는 수를 의미하는 단어와 함께 사용하여 단수 또는 복수로 나타낼 수 있다.

A group of boys is playing football on the ground.
한 그룹의 소년들이 운동장에서 축구를 하고 있다.

He divided mice into two groups and monitored them.
그는 쥐들을 두 그룹으로 나누어 그들을 관찰했다.

Part 2 명사와 대명사

Emily wants to buy a pair of leather gloves.
에밀리는 가죽 장갑을 한 켤레 사고 싶어 한다.

I wore out three pairs of running shoes last year.
나는 지난해 운동화 3 켤레를 떨어트렸다.

a pair of gloves

iii) 집합명사의 수 취급

집합명사는 문맥에 따라 단수 및 복수 취급이 달라진다. 일반적으로 그룹을 전체 하나로 보았을 때는 단수형을, 그룹에 속한 개개인을 의미할 때는 복수형을 사용한다. 같은 유형으로 audience, party, committee (위원회), jury (배심원) 등의 단어들이 있다.

My family is planning to move to Boston.
우리 가족은 보스턴으로 이사 갈 계획이다.

John's family are all policemen.
존의 가족은 모두 경찰관이다.

The committee is going to meet on Monday.
위원회는 월요일에 모일 것이다.

The committee were divided in their opinion on the issue.
위원회는 그 문제에 관해 의견이 갈렸다.

policeman

그러나 people이나 police 같은 단어들은 항상 복수 취급을 한다. 그 외 clergy (성직자들), laity (평신도), nobility (귀족), peasantry (농부, 소작농), cattle (가축) 등도 항상 복수취급을 하는 명사에 속한다.

People are waiting for the train.
사람들이 기차를 기다리고 있다.

Cattle are grazing in a large meadow.
가축들이 넓은 초원에서 풀을 뜯고 있다.

The police are looking for witnesses of the accident.
경찰은 그 사고의 목격자를 찾고 있다.

cattle

| All the local clergy are attending the ceremony.
지역의 모든 성직자들이 예배에 참석하고 있다. | |

4. 명사의 전용

그러나 명사는 항상 같은 상태로만 사용되는 것은 아니다. 필요에 따라 한 종류의 명사가 다른 종류의 명사로 변화할 수 있다. 예를 들면 물질명사가 보통명사로 사용되기도 하고 또는 추상명사가 보통명사로 사용되기도 한다. 이를 명사의 전용이라고 말한다.

a) 물질명사가 보통명사로 전용되는 경우

| **Two coffees, please. (= two cups of coffee)**
커피 두 잔 주세요.

They sell quality wines at that store.
저 상점에서는 품질이 좋은 와인을 판다.

A big fire broke out at the shopping mall last night.
어젯밤 쇼핑센터에서 큰 화재가 발생했다.

Would you bring me a glass of water?
물 한 잔 갖다 주시겠습니까?

John is looking for his glasses.
존은 그의 안경을 찾고 있다. | * 물질명사가 일반제품이나 제품의 종류를 나타내거나, 또는 구체적인 사건을 언급하기 위해 보통명사로 전용될 수 있다.

* glass는 유리를 의미하는 물질명사이나 a glass에서는 유리로 만든 잔을, his glasses에서는 안경을 의미하는 보통명사로 사용되었다. |

b) 추상명사가 보통명사로 전용되는 경우

| **His concert was a big success.**
그의 콘서트는 대성공이었다. | |

 Build up your vocabulary

witness Ⓝ 목격자, (법정에서 증언을 하는) 증인 Ⓥ 목격하다 | **accident** 사고 |
accidental 우연한, 돌발적인

He is a success as a lawyer.
그는 변호사로서 성공한 사람이다.

James runs a small business in New York.
제임스는 뉴욕에서 작은 사업체를 운영한다.

Nora will be a beauty when she grows up.
노라는 자라면 미인이 될 것이다.

The youth has a great future as a football player.
그 청년은 축구 선수로서 전도 유망하다.

* business는 업무 또는 용무 등을 의미할 때는 추상명사이지만 회사, 상점, 사업체로 사용될 때는 보통명사가 된다.
* youth는 젊음을 의미하는 추상명사지만 여기서는 특정한 청년 또는 젊은이를 의미한다.

c) 고유명사가 보통명사로 전용되는 경우

I am reading a Mark Twain.
나는 마크 트웨인의 소설 작품을 읽고 있다.

Ove drives a Saab.
오베는 사브를 몬다.

His dream is to become a Bill Gates in Korea.
그의 꿈은 한국의 빌 게이츠가 되는 것이다.

The Millers go to the opera once a month.
밀러씨 부부는 한달에 한 번 오페라를 보러 간다.

* a Mark Twain
마크 트웨인의 작품

* a Saab
사브 회사 제품의 차

* a Bill Gates
빌 게이츠와 같은 인물

* the Millers 밀러씨 부부

 Build up your vocabulary

dreamer 몽상가 | daydream 백일몽 | dreaming 몽상적인, 꿈결 같은 |
work like a dream 일이 계획대로 잘 진행되다

Check-up Test 4

1 – 5. 다음 단어의 복수형을 쓰세요.

1. leaf	_____
2. sheep	_____
3. doctor	_____
4. country	_____
5. carpenter	_____

6 – 10. 다음 단어의 복수형을 쓰세요.

6. deer	_____
7. echo	_____
8. activity	_____
9. stomach	_____
10. volcano	_____

11 – 15. 알맞은 be 동사의 현재형을 사용해 문장을 완성하세요.

11. The news _____ from a reliable source.

12. The police _____ investigating the case.

13. The sunglasses on the table _____ mine.

14. The furniture in the room _____ comfortable.

15. Further information _____ available on request.

16 – 20. 빈 칸에 알맞은 단어를 보기에서 찾아 쓰세요.

| pile   cup   glass   crowd   piece |

16. Would you like a _____ of tea?

17. I drink a _____ of milk every morning.

18. There is a _____ of books on the table.

19. She gave me a _____ of advice.

20. A man is walking through a _____ of people.

21 – 25. 빈 칸에 알맞은 단어를 보기에서 찾아 쓰세요.

| bunch   board   flock   pack   slice |

21. I saw a _____ of birds flying over the hill.

22. He heard a _____ of wolves howling in the forest.

23. I bought a _____ of flowers from a florist nearby.

24. A _____ of bread with a cup of tea will be enough for me.

25. He will answer to the _____ of directors at the next meeting.

Chapter 5

대명사

대명사는 명사 또는 명사구를 대신해서 사용하는 단어이다. 대명사는 이미 한 번 사용했던 단어의 반복을 피하기 위해, 또는 정황상 이미 알고 있어 구체적으로 언급할 필요가 없는 경우 사용된다. 대명사는 가장 대표적인 인칭 대명사와 함께, 재귀 대명사, 지시 대명사, 그리고 부정 대명사 등으로 분류할 수 있다.

대명사의 종류

인칭 대명사	I, we, you, he, she, they 등
재귀 대명사	myself, ourselves, yourself, yourselves, itself, themselves 등
소유 대명사	mine, ours, yours, his, hers, theirs 등
지시 대명사	this, that, it, those 등
부정 대명사	one, other, another, some, any, each 등

* 관계 대명사와 의문 대명사도 대명사에 속한다. 이들은 각각 관계사와 의문문 chapter에서 다룬다.

1. 인칭 대명사

인칭 대명사는 사람 또는 사물의 이름을 대신해서 부르는 말이다. 인칭에는 '나'를 포함하는 1인칭과, '너'를 포함하는 2인칭, 그리고 '제 3 자'를 지칭하는 3 인칭으로 나누어진다. 단수형과 복수형이 있으며, 주격, 소유격, 그리고 목적격의 세 가지 격을 갖는다.

단수	주격	소유격	목적격
1 인칭	I	my	me
2 인칭	you	your	you

	he she it	his her its	him her it
3인칭			

She smiled at him.
그녀는 그에게 미소를 지었다.

Will you peel the oranges for me?
나를 위해 오렌지 껍질을 벗겨 주시겠습니까?

I will finish my homework in an hour.
나는 한 시간 내로 나의 과제를 마칠 것이다.

You have to wash your hands when you get home.
집에 오면 손을 씻어야 한다.

peel
* peel (껍질을) 깎다, 벗기다

복수	주격	소유격	목적격
1 인칭	we	our	us
2 인칭	you	your	you
3 인칭	they	their	them

We will start our project immediately.
우리는 우리 프로젝트를 즉시 시작할 것이다.

We thank you both for coming to the party.
파티에 오셔서 두 분 모두에게 감사 드립니다.

I saw them running down the street this morning.
나는 오늘 아침 그들이 거리를 뛰어가는 것을 보았다.

*immediately 즉시, 즉각

2. 재귀 대명사

재귀 대명사는 주어의 동작이 다시 주어에게 되돌아가는 상황을 표현하는 대명사이다. 주어와 목적어가 동일인이거나, 또는 주어의 동작이나 상태를 강조하고자 할 때 사용할 수 있다.

	단수		복수	
1 인칭	I	myself	we	ourselves

2 인칭	you	yourself	you	yourselves
3 인칭	he she it	himself herself itself	they	themselves

a) 재귀용법

재귀 대명사가 문장의 목적어로 쓰여 주어의 동작이 다시 주어에게 돌아가는 표현이다. 목적어는 동사의 목적어와 전치사의 목적어, 두 가지 경우가 있다.

She killed herself.
그녀는 자살했다.

I locked myself out of the room.
나는 문이 잠겨서 방에 들어갈 수가 없다.

You don't have to blame yourself for the accident.
당신은 그 사고에 관해 자신을 책망할 필요는 없다.

Don't make fool of yourself.
자신을 웃음거리로 만들지 말라.

* kill oneself 자신을 죽이다 (suicide)
* locked oneself out of … 열쇠를 안에 두고 나온 상황의 표현.
* make fool of … 바보 같은 짓을 하다, 웃음거리가 되다

b) 강조용법

문장의 주어 또는 목적어를 강조하는 역할을 하며, 강조하는 대상과 동격이다.

I made the decision myself.
내가 바로 그 결정을 내렸다.

She herself witnessed the accident.
그녀는 그 사고를 직접 목격했다.

He designed and built the timber house himself.
그는 자신이 직접 그 통나무 집을 설계하고 건축했다.

I met the president himself yesterday.
나는 어제 대통령을 직접 만났다.

* 결정을 내린 사람은 다른 사람이 아니라 바로 '나'라는 것을 강조함.

timber house

 Build up your vocabulary

with one another 서로서로 | **put it another way** 달리 말하면, 다르게 표현하면
next to each other 나란히 | **facing each other** 마주 보고 | **take some
time off** 휴식을 갖다 | **take some time apart** 떨어져 지내다

c) 관용어구

다음은 재귀 대명사의 관용 표현들이다.

for oneself 혼자 힘으로 by oneself 홀로, 혼자서 in itself 본질적으로, 원래 of itself 저절로, 자연히 between ourselves 우리만의, 우리만 아는 비밀의	* without other's help 혼자 힘으로 * alone 홀로 * between you and me 우리만의

He likes to do everything by himself. 그는 모든 일을 혼자서 하기를 원한다. **You have to finish the work for yourself.** 당신은 그 일을 혼자 힘으로 완성해야 합니다. **The fact is in itself of little importance.** 그 사실은 그것 자체만으로는 중요하지 않다. **The boy's baby tooth came out of itself.** 소년의 유치가 저절로 빠졌다. **Let's keep this story between ourselves.** 이 이야기는 우리만 알고 있기로 하자.	* of importance 중요한 of little importance 중요하지 않은

3. 소유 대명사

소유격 + 명사를 대신하는 대명사로 '…의 것'으로 해석한다.

인칭	주격	소유격	소유 대명사
1 인칭	I (단수) we (복수)	my our	mine (나의 것) ours (우리들의 것)
2 인칭	you (단수) you (복수)	your your	yours (너의 것) yours (너희들의 것)
3 인칭	he (단수) she (단수) they (복수)	his her their	his (그의 것) hers (그녀의 것) theirs (그들의 것)

> This is my bicycle. = This bicycle is mine.
> 이 자전거는 나의 것입니다.
> Is this your camera? = Is this camera yours?
> 이 카메라는 당신의 것입니까?
> These are his books. = These books are his.
> 이 도서들은 그의 것입니다.
> Our scheme has some advantages over theirs.
> 우리 계획은 그들의 계획에 비해 몇 가지 장점이 있다.

> * theirs = their scheme
> scheme 계획
> advantage 장점, 이점

4. 지시 대명사

지시 대명사에는 this, these, that, those가 있다. 이 대명사들은 가까이 또는 멀리 있는 사물, 사람, 상황을 가리킬 때 사용된다. 지시 대상은 특정 단어가 될 수도 있고, 또는 문장 내용의 전체나 일부가 될 수도 있다. 지시 대명사는 형용사로 전용되어 지시 형용사로 사용될 수도 있다 (this → this book).

	단수		복수
this	이것, 이곳, 이 사람	these	이것들, 이곳들, 이 사람들
that	저것, 저곳, 저 사람	those	저것들, 저곳들, 저 사람들

* this와 these는 시간이나 거리가 가까운 대상에, that과 those는 시간이나 거리가 먼 대상을 언급할 때 사용한다.

a) 지시 대명사가 가까이 또는 멀리 있는 사람, 사물, 상황을 가리키는 경우

> This is my friend, Jacob.
> 이 사람은 내 친구 제이콥입니다. (사람)
> That is ridiculous.
> 그건 정말 황당하군. (상황)
> You can take these, if you want.
> 원한다면 이것들을 가져가도 좋아. (사물)

> * ridiculous 터무니 없는

 Build up your vocabulary

tooth (**pl** teeth) 이 | toothbrush 칫솔 | toothpaste 치약 | toothache 치통 | baby tooth (milk tooth) 유치 | adult tooth (permanent tooth) 영구치

b) 지시 대명사가 앞 문장의 단어나 구, 또는 절을 가리키는 경우

Is this your bag? No, that is not mine. 이 가방 당신 것인가요? 아니요, 그것은 내 것이 아닙니다.	* that = bag
I decided to accept his offer, but that was not a good idea. 나는 그의 제안을 받아들이기로 결정했지만, 그것은 좋은 생각이 아니었다.	* that = to accept his offer
James told me he met Anna yesterday, but that was a lie. 제임스는 내게 어제 안나를 만났다고 말했다. 그 말은 거짓이었다.	* that = what he said
The population of the city is similar to that of London. 그 도시 인구는 런던 인구와 비슷하다.	* that = population

c) 지시 대명사가 전자, 후자를 표현하는 경우

They keep sheep and cows: these for milk, those for wool. 그들은 양과 소를 기른다: 후자(소)는 우유를 얻기 위해, 전자(양)는 양털을 얻기 위해.	* these = cows those = sheep
Work and play are both necessary to health: this gives us rest, and that gives us energy. 일과 놀이는 둘 다 건강에 필요하다: 후자(놀이)는 우리에게 휴식을 주고 전자(일)는 활력을 준다.	* this = play that = work

5. 부정 대명사

특정한 또는 구체적으로 지정된 대상이 아닌 막연한 사람, 사물, 또는 수량을 표현하는 대명사이다. 지시 대명사처럼 부정 대명사도 형용사로 전용되어 명사를 수식할 수도 있다.

a) some / any

막연한 사람이나 사물을 가리키거나, 또는 '몇 개,' '얼마,' '어느 정도'와 같이 정해지지 않은 수량을 표현할 수 있다.

You can take some of these books with you.
이 책들 중 몇 권을 가져가도 좋습니다.

I made chocolate cookies. Why don't you try some?
초콜릿 과자를 만들었거든. 맛을 좀 보는 게 어때?

I don't want to meet any of them.
나는 그들 중 누구도 만나고 싶지 않다.

You may choose any item that you like best.
가장 마음에 드는 품목을 선택할 수 있습니다. (여기서 any는 형용사)

You can use this voucher at any of our branches.
이 상품권은 우리 지점 어느 곳에서도 사용할 수 있습니다.

* some은 긍정문에서 any는 의문문과 부정문에서 주로 사용된다. 그러나 긍정의 답을 요구하는 의문문에서는 some을 사용할 수 있다.

b) one / other / another

one은 앞에서 언급된 명사와 같은 종류의 막연한 대상을 언급할 때 사용한다. other는 '다른 것,' 또는 '다른 사람'을, another는 '하나 더'를 의미한다.

If you don't have a pen, I will lend you one.
펜이 없다면, 하나 빌려 줄게.

My laptop is too old, so I am going to buy a new one.
내 컴퓨터는 너무 구식이야, 그래서 새것을 하나 사려고 해.

I don't like any of them. Do you have some others?
어느 것도 마음에 들지 않아요. 다른 것들이 있나요?

There are two apples; one is red and the other is yellow.
사과가 두 개 있는데, 하나는 빨갛고 나머지 하나는 노랗다.

This shirt is too big for me. Please show me another.
이 셔츠는 내게 너무 큽니다. 다른 것을 보여주세요.

* 정관사 the를 사용한 the other는 '나머지 하나'라는 뜻이다.

 Build up your vocabulary

advantage 장점, 이점 | take advantage of ... 을 이용하다, 활용하다 | taking advantage of darkness 어둠을 이용하여 | have advantage over ... 에 비해 유리한 위치에 있다 | advantageous 유리한, 이로운 | advantageous position 유리한 위치 | advantageous terrain 유리한 지형

c) each other / one another

목적어가 둘 이상일 때, 이들의 상호관계를 표현한다. '서로'로 해석하며 상호 대명사라고 부른다. 일반적으로 대상이 둘일 때는 each other, 셋 이상일 때는 one another를 사용한다. 그러나 두 표현의 의미상의 차이는 없으며 둘인 경우에도 one another를 사용하기도 한다. 따라서 둘 또는 셋 이상이라는 규칙에 지나치게 구속될 필요는 없다.

They looked at each other with affection. 그들은 따뜻한 눈길로 서로를 바라보았다. **Honey bees can communicate with each other.** 꿀벌은 서로 대화를 할 수 있다. **We have known each other for about three years.** 우리는 약 3년 동안 알고 지냈다. **We have known one another for about three years.** 우리는 약 3년 동안 알고 지냈다. **People at the reception exchanged greetings with one another.** 환영회에서 사람들이 서로 인사를 나누었다.	* affection 애정, 애착, 호의 * reception 환영회, 리셉션, 접수처

 Build up your vocabulary

necessary 필요한, 필연적인 | **necessity** 필요, 필수품 | **necessitate** 필요로 하다, 필요하게 하다

Check-up Test 5

Part 2 명사와 대명사

1 – 5. 빈 칸에 알맞은 인칭 대명사를 쓰세요.

1. My sister	**1.** _____
2. My father	**2.** _____
3. Mike and Jane	**3.** _____
4. Tommy's car	**4.** _____
5. I and my friends	**5.** _____

6 – 10. 괄호 안의 단어를 알맞은 형태로 바꾸어 문장을 완성하세요.

6. My uncle bought _____ a bike. (I)

7. Jane needs _____ house. (she)

8. Nancy and Mathew run _____ shop. (they)

9. If you have any questions, raise _____ hands. (you)

10. His comment did not affect _____ plans. (we)

11 – 15. 빈 칸에 알맞은 전치사와 재귀 대명사를 보기에서 찾아 문장을 완성하세요.

between   by   for   in   of

itself   ourselves   yourself   himself   * 중복 사용 가능

11. The window opened _____ _____.

12. The old man lives _____ _____.

13. The greenhouse effect is natural _____ _____.

14. Since there is no one to help you, you have to complete the task _____ _____.

15. We have to keep this information _____ _____ for some time.

53

16 – 20. 알맞은 소유 대명사를 사용하여 문장을 고쳐 쓰세요. (주관식)

16. She bought that car yesterday.

→ That car is _____.

17. We sold the house last month.

→ The house is not _____.

18. He and I agree with each other.

→ My opinion coincides with _____.

19. You can make the final decision.

→ The final decision is _____.

20. Emma and I have known each other since childhood.

→ Emma is an old friend of _____.

21 – 25. 다음 빈칸에 알맞은 단어를 보기에서 골라 쓰세요.

| any   some   others   the other   each other |

21. Do not stare at _____ in the face.

22. We will keep in touch with _____.

23. You can have _____ of these candies, but I don't want any.

24. You can invite _____ of your friends, if they want to come.

25. They are identical twins, so it is difficult to tell one from _____.

Part 3

문장 구조

문장의 형식

영어 문장을 구성하는 주된 요소는 주어, 동사, 목적어 및 보어이며, 문장의 형식은 이들이 사용되는 방법에 따라 달라진다. 영어 문장은 근본적으로 5가지 형식으로 분류된다. 그리고 모든 영어 문장은 이 중 하나에 속한다.

1. 문장의 구성 요소

a) 주어

주어는 동작이나 상태의 주체로서 우리말로 해석할 때 '…은, …는, …이, … 가'의 조사가 붙는 부분이다. 주어가 될 수 있는 단어는 사람이나 사물을 나타내는 명사 또는 대명사이다. 영어에서 주어는 주로 동사 앞에 위치한다 (의문문과 도치문 제외).

My house is across the street.
우리 집은 길 건너에 있다. *주어house

The crowd cheered for the queen.
군중들은 여왕에게 환호를 보냈다. *주어 crowd

I ate the sandwiches in the fridge.
나는 냉장고에 있는 샌드위치를 먹었다. *주어 I

crowd

b) 동사

동사는 행위나 상태를 나타내는 단어로서, 주어를 서술하는 역할을 한다. 동사는 주어의 인칭과 수 또는 시간에 따라 형태가 달라진다.

He travelled by train.
그는 기차로 여행했다. *동사 travelled

The girl likes candy floss.
그 소녀는 솜사탕을 좋아한다. *동사 likes

Michael was at home last night.
마이클은 어젯밤 집에 있었다. *동사 was

I played baseball with my friends.
나는 친구들과 야구를 했다. *동사 played

candy floss

c) 목적어

목적어는 동사가 행하는 행위의 영향을 받는 대상으로 직접 목적어와 간접 목적어로 나뉘어진다.

i) 직접 목적어는 동사의 영향을 직접 받는 대상이다. 우리말로 '…을,' 또는 '…를'로 해석된다.

* 목적어 (object) – O

We played tennis.
우리는 테니스를 쳤다. * tennis (O)

Ann rides a bike well.
앤은 자전거를 잘 탄다. * bike (O)

John bought a camera.
존은 카메라를 샀다. * camera (O)

A truck hit John's car.
트럭이 존의 차를 들이받았다. * John's car (o)

ride a bike

ii) 간접 목적어는 주어로부터 직접 목적어를 제공받는 상대로서, 사람을 나타내는 명사나 대명사가 된다. 동사는 ask, buy, give, show 등과 같은 수여동사가 사용되며, 문장에서 '…에게'로 해석되는 대상이 간접 목적어이다.

* 직접 목적어 (direct object) – DO / 간접 목적어 (indirect object) – IO

My father bought me a bike.
아빠가 나에게 자전거를 사주었다. * me (IO) / bike (DO)

I will bring you something to drink.
당신에게 마실 것을 갖다 드리겠습니다.
* you (IO) / something to drink (DO)

Thomas gave Julia a necklace for her birthday present.
토마스는 줄리아에게 생일 선물로 목걸이를 주었다.
* Julia (IO) / necklace (DO)

Jane showed me how to make an apple pie.
제인은 나에게 사과 파이 만드는 방법을 알려주었다.
* me (IO) / how to make an apple pie (DO)

necklace

d) 보어

보어는 주어나 목적어를 보충 설명해주는 말이다. 주격 보어는 주어를, 목적격 보어는 목적어를 설명한다.

i) 주격 보어: 주어의 입장이나 상태를 설명하는 내용으로 명사나 형용사가 주로 사용된다.

This story is exciting.
이 이야기는 재미있다. * 보어 exciting

The man looks happy.
그 남자는 행복해 보인다. * 보어 happy

My father is an engineer.
우리 아빠는 엔지니어이다. * 보어 engineer

The writer has become famous.
그 작가는 유명해졌다. * 보어 famous

engineer

ii) 목적격 보어: 목적어를 설명하는 내용이다. 명사, 형용사, 부정사, 분사 등이 사용된다.

I found the box empty.
나는 상자가 비어 있는 것을 발견했다. * 보어 empty

I consider him my best friend.
나는 그를 가장 친한 친구로 생각한다. * 보어 my best friend

The novel made the writer famous.
그 소설은 그 작가를 유명하게 만들었다. * 보어 famous

We are going to paint the fence brown tomorrow.
우리는 내일 담장을 갈색으로 칠할 것이다. * 보어 brown

fence

 Build up your vocabulary

consider 고려하다, 숙고하다 | consideration 사고, 고려, 숙고 | considerable 상당한, 많은 | considerate 사려 깊은, 남을 배려하는

2. 문장의 5형식

영어 문장은 기본적으로 5가지의 유형으로 나누어진다. 우리는 이를 문장의 5형식이라고 부른다.

문장의 형식 구분은 다음과 같이 분류된다.

1 형식	S+V	주어 + 동사 (Subject + Verb)
2 형식	S+V+C	주어 + 동사 + 보어 (Subject + Verb + Complement)
3 형식	S+V+O	주어 + 동사 + 목적어 (Subject + Verb + Object)
4 형식	S+V+IO+DO	주어 + 동사 + 간접 목적어 + 직접 목적어 (Subject + Verb + Indirect Object + Direct Object)
5 형식	S+V+O+OC	주어 + 동사 + 목적어 + 목적 보어 (Subject + Verb + Object + Object Complement)

* 문장의 형식 구분은 문장의 이해를 돕기 위한 것이지 그 구분 자체가 목적은 아니라는 점을 유념하자.

a) 1 형식 [주어 + 동사]

주어와 동사만으로 이루어진 문장이다. 동사는 완전 자동사가 사용되며, 부사나 전치사구와 같은 수식어구들은 문장의 형식을 결정하는 데 영향을 미치지 않는다.

A girl swims.
한 소녀가 수영한다.

The girl swims very fast.
그 소녀는 매우 빨리 수영한다.

Boys ran.
소년들이 달려갔다.

Boys ran down the hills.
소년들이 언덕 아래로 달려갔다.

A dog barks.
개 한 마리가 짖는다.

The dog often barks after midnight.
그 개는 종종 자정이 지난 후 짖는다.

bark

b) 2 형식 [주어 + 동사 + 주격 보어]

2 형식 문장은 주어와 동사 그리고 주격 보어로 구성된 문장이다.

I am happy.
나는 행복하다.

The giraffe is tall.
기린은 키가 크다.

The man is my neighbor.
저 남자는 나의 이웃이다.

My neighbor is a police officer.
나의 이웃은 경찰이다.

Joseph is the most diligent student in the class.
조셉은 학급에서 가장 성실한 학생이다.

giraffe

c) 3 형식 [주어 + 동사 + 목적어]

주어와 동사 그리고 목적어로 이루어진 문장 구조를 말한다. 목적어는 명사, 동명사, 또는 부정사가 될 수 있다.

I know him.
나는 그를 안다.

I remember her name.
나는 그녀의 이름을 기억한다.

The boy broke the window.
그 소년은 창문을 깨트렸다.

Tom enjoys playing video games.
톰은 비디오 게임 하는 것을 즐긴다.

Margaret likes to read detective stories.
마가렛은 탐정 소설 읽는 것을 좋아한다.

break the window

* 만약 '보어'와 '목적어'의 구분이 어렵다면, 문장의 주어와 동사 다음에 오는 단어를 등호(=)로 연결해 보자. 등호가 성립한다면 '보어'이고, 성립하지 않는다면 '목적어'이다.

He is a baseball player. 그는 야구 선수이다.
그와 야구 선수는 동일인이다. (Hc = baseball player) 따라서 a baseball player는 보어가 된다.

He likes baseball. 그는 야구를 좋아한다.
그가 야구를 좋아하는 것이지, 야구는 아니다. (He ≠ baseball) 따라서 base-ball은 목적어가 된다.

d) 4 형식 [주어 + 동사 + 간접 목적어 + 직접 목적어]

간접 목적어와 직접 목적어, 두 개의 목적어를 가지는 문장 형태를 4 형식 문장이라고 한다.

I will buy you a drink.
내가 한 잔 살게.

He sent me a message.
그는 내게 메시지를 보냈다.

Can you bring me a glass of water?
내게 물 한 잔 갖다 주시겠어요?

My father taught me how to row a boat.
아빠는 내게 노 젓는 법을 가르쳐 주셨다.

row a boat

* 4 형식 문장을 3형식문장으로 전환할 수 있다. 직접 목적어를 문장의 목적어로 취하고, 나머지 목적어는 전치사와 결합시켜 부사구로 만든다. 이 경우 문장의 형태는 달라지지만 의미에는 변화가 없다.

She sent me a Christmas card. → She sent a Christmas card to me.
그녀는 내게 크리스마스 카드를 보냈다.
My uncle bought me a camera. → My uncle bought a camera for me. 삼촌은 나를 위해 카메라를 샀다.

e) 5 형식 [주어 + 동사 + 목적어 + 목적 보어]

목적어와 목적 보어가 있는 문장을 5 형식 문장이라 말한다.

He made her angry.
그는 그녀를 화나게 했다.

I think his plan unrealistic.
나는 그의 계획이 비현실적이라고 생각한다.

She considers him trustworthy.
그녀는 그를 신뢰할 수 있다고 생각한다.

We found the window wide open.
우리는 창문이 활짝 열려 있는 것을 발견했다.

wide open

Part 3 문장 구조

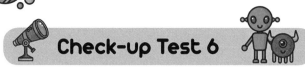

Check-up Test 6

1 - 5. 알맞은 문장 형식을 고르세요.

1. He became a firefighter.	a) 1 형식 (S + V)
2. The boy runs very quickly.	b) 2 형식 (S + V + C)
3. I had a bad dream last night.	c) 3 형식 (S + V + O)
4. You must keep your room clean.	d) 4 형식 (S + V + IO + DO)
5. She brought me a cup of coffee.	e) 5 형식 (S + V + O + OC)

* firefighter 소방수, 소방관 (fireman)

6 - 10. 밑줄 친 단어가 목적어이면 O, 보어이면 C라고 쓰세요.

6. The girl looks <u>happy</u>.

7. The boy likes <u>puppies</u>.

8. I was watching <u>news</u> on TV last night.

9. We heard an <u>explosion</u> in the distance.

10. Mike often loses <u>his temper</u>, so he has no friends.

* puppy 강아지   explosion 폭발, 폭파   lose one's temper 화내다, 흥분하다

11 - 15. 밑줄 친 단어가 직접 목적어이면 DO, 목적격 보어이면 OC라고 쓰세요.

11. I threw him <u>the ball</u>.

12. He named his dog <u>Rocky</u>.

13. His excuse made her <u>upset</u>.

14. I will bring you <u>something to read</u>.

15. Practice will make you <u>better</u> at what you are doing.

16 - 20. 다음 문장을 ( ) 안의 전치사를 사용한 문장으로 바꾸세요.

16. I will buy you a drink. (for)

→ _____

17. Maggie has baked me ginger cookies. (for)

→ _____

* bake (빵, 케이크, 과자 등을) 굽다   bakery 제과점

18. Jacob wrote me a very long letter. (to)

→ _____

19. Tom sends his mother a Christmas card every year. (to)

→ _____

20. He handed me the report without any comment. (to)

→ _____

21 - 25. 주어진 단어를 바르게 배열하여 문장을 완성하세요.

21. [last night / sharply / dropped]

The temperature _____

22. [to / eat / like / chocolate and ice-cream]

Children _____

23. [me / this watch / gave / on my birthday]

My uncle _____

24. [the problem / more complicated / made]

The decision _____

25. [him / appointed / the manager of the team]

The committee _____

Chapter 7

문장의 종류 1

문장은 우리의 생각, 의견, 또는 정보를 전달하는 표현의 최소단위이다. Chapter 7에서는 서술문과 의문문, 감탄문, 명령문을 학습하고, Chapter 8에서는 의문사 의문문과 간접 의문문을 학습하기로 한다.

1. 서술문

평서문이라고도 한다. 어떤 사실이나 생각을 있는 그대로 서술하는 문장이다. 평서 문은 다시 긍정 서술문과 부정 서술문으로 나눌 수 있다.

a) 긍정 서술문

'…이다,' 또는 '…하다'와 같이 긍정적인 진술을 하는 문장을 말한다.

Everything goes well. 모든 것이 순조롭게 진행된다. **Linda is looking for her cell phone.** 린다는 그녀의 휴대폰을 찾고 있다. **There are many coffee shops in the city.** 이 도시에는 커피숍이 많이 있다. **I will finish the report by this time tomorrow.** 나는 보고서를 내일 이 시간까지 끝낼 것이다.	 cell phone

b) 부정 서술문

부정어구를 사용하여 '…이 아니다,' 또는 '…하지 않다'로 표현하는 문장이다. 부정 어구에는 no, not, never 외에도 neither, seldom, 또는 rarely 등이 있다.

That is not true. 그것은 사실이 아니다. **The shop is not open yet.** 그 상점은 아직 열지 않았다.	

I have never seen a whale. 나는 고래를 본 적이 없다. She seldom drinks coffee at night. 그녀는 밤에는 커피를 거의 마시지 않는다. My father rarely goes out on Sundays. 아빠는 일요일에 외출하시는 경우는 드물다.	 whale

c) 부정문 만들기

긍정문을 부정문으로 바꾸는 방법은 문장의 동사가 무엇인가에 따라 달라진다.

i) be 동사

be 동사가 사용된 문장은 동사 다음에 not을 붙인다.

I am hungry. 나는 배가 고프다. He is the best player in the team. 그는 팀에서 최고의 선수이다. They were aware of the risk. 그들은 위험을 인지하고 있었다.	I am not hungry. 나는 배가 고프지 않다. He is not the best player in the team. 그는 팀에서 최고의 선수는 아니다. They were not aware of the risk. 그들은 위험을 인지하지 못했다.

ii) 일반 동사

현재형 일반 동사는 주어가 1인칭, 2인칭, 또는 복수인 경우 do not을, 3인칭 단수인 경우는 does not을 붙인다. 과거형의 경우는 주어의 인칭 및 수와 관계없이 did not을 사용한다.

He works hard. 그는 열심히 일한다. They want to attend the meeting. 그들은 회의에 참석하기를 원한다. Jane invited me to go to the party. 제인은 나를 파티에 가자고 초대했다.	He does not work hard. 그는 열심히 일하지 않는다. They do not want to attend the meeting. 그들은 회의에 참석하기를 원치 않는다. Jane didn't invite me to go to the party. 제인은 나를 파티에 가자고 초대하지 않았다.

iii) 조동사

조동사가 사용된 문장은 조동사 다음에 not을 붙인다.

It will take long. 오래 걸릴 것이다.	**It will not take long.** 오래 걸리지 않을 것이다.
You should go there. 당신은 그곳에 가야 합니다.	**You should not go there.** 당신은 그곳에 가지 않아야 합니다.
This ticket can be exchanged. 이 티켓은 교환할 수 있습니다.	**This ticket cannot be exchanged.** 이 티켓은 교환할 수 없습니다.

* will not, should not, cannot은 각각 won't, shouldn't, can't로 단축될 수 있다.

2. 의문문

의문문은 be 동사와 조동사 의문문, 일반 동사 의문문, 의문사 의문문 그리고 부가 의문문으로 나누어진다.

a) be 동사와 조동사 의문문

문장의 동사가 be 동사나 조동사인 경우, 주어와 동사의 순서를 바꿔서 의문문을 만든다.

I am late. 나는 늦었다.	**Am I late?** 내가 늦었나요?
We are at the right place. 우리는 장소를 잘 찾아왔다.	**Are we at the right place?** 우리가 장소를 잘 찾아왔나요?
I should see a doctor. 나는 의사의 진찰을 받아야 한다.	**Should I see a doctor?** 내가 의사의 진찰을 받아야 하나요?

b) 일반 동사 의문문

일반 동사는 조동사 do를 이용해서 의문문으로 만든다. 이 때 do는 주어의 인칭과 문장의 시제에 따라 do, does 또는 did 중에서 선택하고, 일반 동사는 동사 원형이 되어야 한다.

You know who did it. 당신은 누가 그것을 했는지 알고 있다.	Do you know who did it? 당신은 누가 그것을 했는지 알고 있나요?
He likes rock climbing. 그는 암벽 등반을 좋아한다.	Does he like rock climbing? 그는 암벽 등반을 좋아하나요?
Morgan came to see me this morning. 모건은 오늘 아침 나를 만나러 왔다.	Did Morgan come to see me this morning? 모건이 오늘 아침 나를 만나러 왔었나요?

c) 부가 의문문

부가 의문문은 대화 상대방의 의사를 확인하거나 나의 진술을 강조하기 위해서 사용하는 표현이다.

조동사와 be 동사는 동일한 동사를 반복 사용하고, 일반 동사인 경우는 do를 사용한다.

Jane is smart, isn't she? 제인은 영리해, 그렇지 않아? You don't like coffee, do you? 너는 커피를 싫어하지, 그렇지? We can trust him, can't we? 우리는 그를 믿을 수 있어, 그렇지 않아?	* 긍정문의 부가 의문문은 부정으로, 부정문의 부가 의문문은 긍정으로 표현한다.

3. 감탄문

기쁨, 슬픔, 놀라움 등의 강한 감정을 표현하는 문장이다. 감탄문의 문장을 끝내는 부호는 마침표가 아닌 느낌표를 사용한다. 감탄문은 일반 서술문에 느낌표를 붙인 문장, what으로 시작하는 문장, 그리고 how로 시작하는 문장의 세 가지 유형으로 나눌 수 있다.

You finally won! 마침내 이겼군! What a big mouth he has! 그는 정말 허풍쟁이야!	* big mouth 수다쟁이, 허풍쟁이

What a touching story it is! 얼마나 감동적인 이야기인지! **What a beautiful day it is today!** 오늘은 참 아름다운 날이야! **How beautiful she is!** 그녀는 정말 아름다워! **How clever you are!** 너는 정말 영리하구나!	* touching 감동적인

4. 명령문

명령문은 말 그대로 명령하는 문장이다. 모든 명령문은 동사로 시작하며 동사 원형을 사용한다. 문장의 주어는 생략되어 있지만 상대방에게 직접 요구 또는 지시하는 문장이므로 you가 암묵적인 주어가 된다. 문장 부호는 마침표나 느낌표를 사용한다. Let's … 로 시작하는 문장도 명령문에 속한다.

Get out! 나가! **Be quiet!** 조용히 해! **Bring me something to drink.** 마실 것 갖고 오세요. **Don't forget to take your umbrella with you.** 우산 가지고 가는 것 잊지 마세요. **Let's stay focused.** 집중합시다.	* stay focused 집중하다

Build up your vocabulary

forget to ... 할 것을 잊다 | **forget** …**ing** 한 것을 잊다 | **I forgot to bring my umbrella.** 나는 우산을 가져온다는 것을 잊었다. | **I forgot bringing my umbrella.** 나는 우산을 가져온 것을 잊었다. | **focus** **n** (**pl** **foci**) 초점, 주목 **v** 집중하다, 초점을 맞추다

Check-up Test 7

1 - 5. 다음 문장을 부정문으로 바꾸세요.

1. I am reading a detective story.

→ _____

2. You should invite Jane to the party.

→ _____

3. The team played very well yesterday.

→ _____

4. Tom enjoys jogging in the park nearby.

→ _____

5. I have to commute to work every day.

→ _____

* detective story 탐정 소설   commute 통근, 통근하다

6 - 10. 다음 문장을 의문문으로 바꾸세요.

6. They will join us for lunch.

→ _____

7. He is going to resign next week.

→ _____

8. She has eaten all the cake in the fridge.

→ _____

9. I can give you a lift to the railway station.

→ _____

10. There are many movie theaters in the city center.

→ _____

* resign 사직하다, 사임하다   give someone a lift … 를 차를 태워주다 (= give someone a ride)

11 - 15. 다음 문장을 의문문으로 바꾸세요.

11. You know my phone number.

→ _____

12. Robert lived in Washington.

→ _____

13. She likes to be alone sometimes.

→ _____

14. He handed in his report before the deadline.

→ _____

15. You played poker with your friends last night.

→ _____

* hand in 제출하다   deadline 기한, 마감 시간, 마감 일자   play poker 포커를 치다

16 - 20. 다음 문장을 부가 의문문으로 바꾸세요.

16. He runs so fast.

→ _____

17. It is not very cold today.

→ _____

18. You can give me some advice.

→ _____

19. Beth and her friends will arrive soon.

→ _____

20. We are not going to study tonight.

→ _____

21 - 25. 다음 문장을 how 또는 what을 사용한 감탄문으로 바꾸세요.

21. You are generous.

→ _____

22. He did a great job.

→ _____

23. The sunset is beautiful.

→ _____

24. The bird sings sweetly.

→ _____

25. It was a strange coincidence.

→ _____

* generous 관대한   sunset 해질녘, 일몰   coincidence 우연, 우연의 일치

문장의 종류 2

Chapter 8

Chapter7에서는 일반 동사 의문문과 부가 의문문을 학습했다. Chapter 8에서는 의문사 의문문과 간접 의문문을 다루기로 한다. 의문사 의문문의 문장 구성은 의문사가 맨 앞에 위치하고, 그 다음 '동사 + 주어' 또는 '조동사 + 주어'의 순서로 배열된다.

Is James upset? 제임스는 화가 났나요?	**Why is James upset?** 왜 제임스는 화가 났나요?
Will I see you again? 당신을 다시 만나게 될까요?	**When will I see you again?** 언제 당신을 만나게 될까요?
Did she turn down his offer? 그녀는 그의 제안을 거절했나요?	**Why did she turn down his offer?** 왜 그녀는 그의 제안을 거절했나요?

* upset 속상한, 화난   turn down 거절하다, 거부하다

간접 의문문은 '의문사 + 주어 + 동사'의 순으로 서술문과 같은 순서로 구성된다. 일반 동사 의문문과 의문사 의문문 모두 간접 의문문으로 표현할 수 있다.

Is Tom home? 톰이 집에 있나요?	**Can you tell me whether Tom is home?** 톰이 집에 있는지 말해 줄 수 있나요?
Can John play tennis? 존은 테니스를 칠 수 있나요?	**Do you know if John can play tennis?** 존이 테니스를 칠 수 있는지 알고 있나요?
Who is that girl? 저 소녀는 누구인가요?	**Do you know who that girl is?** 저 소녀가 누구인지 알고 있나요?
Where did you park your car? 차를 어디에 주차했나요?	**Do you remember where you parked your car?** 차를 어디에 주차했는지 기억하나요?

1. 의문사 의문문

의문사에는 who(누가), when(언제), where(어디), what(무엇), which(어느 것), how(어떻게), 그리고 why(왜)가 있다. 모든 의문사 의문문은 의문사로 문장을 시작한다.

a) who 의문문

이름, 직책, 직위 등, 사람에 관한 질문이다. 주격은 who, 소유격은 whose, 그리고 목적격은 whom이다.

i) 주격 who

Who said that? 누가 그 말을 했나요? **Who are they?** 그들은 누구인가요? **Who is going to stay home?** 누가 집에 있을 건가요?	* stay home 집에 머물다, 집에 있다

ii) 소유격 whose

Whose car is this? 이것은 누구의 차인가요? **Whose turn is it next?** 다음은 누구 차례인가요? **Whose opinion do you support?** 당신은 누구의 의견을 지지하나요?	* turn 차례, 순번 * support 지지하다

iii) 목적격 whom

의문사가 문장의 맨 앞에 위치할 때는 whom 대신 who를 사용할 수 있다. 그러나 전치사와 함께 사용될 때는 whom으로 표현해야 한다.

Who are you going to invite?(Whom are you going to invite?) 누구를 초대할 건가요?	

Who did you go out with last night?(With whom did you go out last night?) 어젯밤 누구와 외출했나요?	* go out 외출하다

b) when 의문문

시간 또는 시점을 묻는 의문사이다. 동사의 시제에 따라 현재, 과거, 미래를 표현할 수 있다.

When do you leave for work? 출근은 언제 하나요?	* leave for work 출근하다
When did you first meet her? 언제 그녀를 처음 만났나요?	
When will you bring the book back? 책은 언제 돌려줄 건가요?	* bring back 돌려주다, 상기 시키다
When will the price cut go into effect? 가격 인하는 언제부터 실시되나요?	* go into effect 실시되다, 효 력이 발생하다
When are you going to start your journey? 여행은 언제 출발할 건가요?	* start a journey 여행을 시 작하다

c) where 의문문

장소, 방향, 또는 출처에 관한 질문이다.

Where are we? 여기가 어디인가요?	
Where is the shopping mall? 쇼핑센터가 어디 있나요?	
Where do you come from? 어디 출신인가요?	* come from …에서 오다, … 출신이다
Where are you heading for? 어디로 가시나요?	* head for … 로 향하다
Where should I get off to go to City Hall? 시청에 가려면 어디서 내려야 하나요?	

d) which 의문문

복수의 사물 또는 사항 중에서 한 가지를 선택하는 의문문에 사용한다.

Which is better? 어느 것이 더 나은가요? **Which book is yours?** 어느 책이 당신 것인가요? **Which team is your favorite?** 당신은 어느 팀을 좋아하나요? **Which direction should I go?** 어느 방향으로 가야 하나요? **Which subject do you like better, history or science?** 당신은 역사와 과학 중 어느 과목을 더 좋아하나요?	 * direction 방향 * subject 과목, 주제

e) what 의문문

어떤 또는 무엇인지 묻는 질문에 사용한다. 의문사 what은 사물이 될 수도, 또는 상황이 될 수도 있다.

What is in the box? 상자 안에는 무엇이 있나요? **What is going on here?** 여기서 도대체 무슨 일이 벌어지고 있나요? **What would you like to drink?** 무엇을 마시겠습니까? **What are you going to do tomorrow?** 내일은 뭐 할 건가요? **What kind of shoes are you looking for?** 어떤 종류의 신발을 찾고 있나요?	

* which vs. what kind of

which는 눈 앞에 보이거나 구체적인 선택 사항이 주어졌을 때, what kind of는 일반적인 종류나 품종을 묻는 질문에 사용한다.

What kind of sports do you like? 당신은 어떤 종류의 스포츠를 좋아하나요?	Which sport do you like better, volleyball or basketball? 당신은 배구와 농구 중, 어느 스포츠를 더 좋아하나요?

f) why 의문문

이유를 물을 때 사용한다. 왜, 어째서, 또는 무엇 때문에 등으로 해석할 수 있다.

Why are you so nervous? 왜 그렇게 긴장하나요? **Why did you get up so early?** 왜 그렇게 일찍 일어났나요? **Why do you want to cancel your trip?** 왜 여행을 취소하기를 원하시나요? **Why don't you stop by for drinks?** 잠시 들러 한 잔 하는 게 어때요?	* nervous 불안한, 긴장하는 * stop by 잠시 방문하다 * Why don't you …? 는 질문이 아니라 권유할 때 사용하는 표현이다.

g) how 의문문

how는 정도나 방법을 묻는 의문사로 '어떻게' 또는 '얼마나'로 해석한다. 가장 다양하게 사용할 수 있는 의문사로 양, 수, 빈도, 거리, 높이, 길이 등을 묻는 질문에 사용할 수 있다.

How is the weather in LA today? LA의 오늘 날씨는 어때요? **How much time do you need?** 시간이 얼마나 필요한가요? **How many people will show up?** 사람들이 얼마나 올까요? **How often do you go to the gym?** 헬스클럽에 얼마나 자주 가나요? **How far is the airport from here?** 여기서 공항까지 거리가 얼마나 되나요? **How long are you going to stay here?** 이곳에 얼마나 오래 머무르실 건가요?	* show up 나타나다

* 이외에도 how old (나이가 얼마인지), how deep (깊이가 얼마인지), how soon (얼마나 빨리), how tall (키가 얼마인지) 등의 표현을 사용할 수 있다.
* How about … vs. Why don't you …
  How about …은 Why don't you …과 마찬가지로 의문문이 아닌 권유문이다.

| How about taking a break?
잠시 쉬는 게 어때? | Why don't you take a break?
잠시 쉬는 게 어때? |

2. 간접 의문문

질문을 주문장의 종속절로 만들어 표현하는 의문문이다. 간접 의문문은 표현을 공손하고 부드럽게 만드는 효과가 있다. 일반 의문문은 if 또는 whether를 사용해서 간접 의문문으로 만든다. 의문사 의문문은 의문사를 그대로 사용한다. 간접 의문문으로 만드는 표현은 다음과 같다.

a) Do you know …

| Will he come?
그가 올까요? | Do you know if he will come?
그가 올지 알고 있나요? |
| Who are they?
저들은 누구인가요? | Do you know who they are?
저들이 누구인지 알고 있나요? |

b) Can you tell me …

| Are you satisfied with the result?
결과에 만족하나요? | Can you tell me if you are satisfied with the result?
결과에 만족하는지 말씀해 주시겠습니까? |
| What should we do next?
다음은 무엇을 해야 하나요? | Can you tell me what we should do next?
다음은 무엇을 해야 하는지 말씀해 주시겠습니까? |

 Build up your vocabulary

satisfy 만족시키다, 충족시키다 | satisfaction 만족 |
satisfactory 만족스러운, 충분한 | satisfactory result 만족스러운 결과

Part 3 문장 구조

c) Do you remember …

Who did you talk to? 누구에게 말했나요?	**Do you remember who you talked to?** 누구에게 말했는지 기억하시나요?
What time did you come back last night? 어젯밤 몇 시에 돌아왔나요?	**Do you remember what time you came back last night?** 어젯밤 몇 시에 돌아왔는지 기억하시나요?

d) Do you have any idea …

Why did Jennifer leave the party so early? 제니퍼는 왜 파티에서 그렇게 일찍 떠났나요?	**Do you have any idea why Jennifer left the party so early?** 제니퍼가 왜 파티에서 그렇게 일찍 떠났는지 아시나요?
How much will it cost to build a new home? 새집을 짓는데 비용이 얼마나 드나요?	**Do you have any idea how much it will cost to build a new home?** 새집을 짓는데 비용이 얼마나 드는지 아시나요?

* 이 외에도 I am wondering …, I would like to know … 등의 서술문 표현을 이용하여 간접 의문문으로 만들 수 있다.

 Build up your vocabulary

cost n 비용, 경비, 값, 가격 v 비용이 들다 | **costly** 비용이 많이 드는, 대가가 큰 | **cost-effective** 비용 효과가 큰 | **build** 짓다, 건설하다 | **builder** 건축업자

Check-up Test 8

1 - 5. 빈 칸에 들어갈 의문사를 보기에서 선택하세요.

1. _____ is your favorite color?

  a) Who   b) When   c) Why   d) What

2. _____ old is your grandfather?

  a) Where   b) When   c) Why   d) How

3. _____ are you going to visit France?

  a) When   b) Which   c) Who   d) Where

4. _____ do you like better, summer or winter?

  a) How   b) Which   c) When   d) Why

5. _____ long does it take to get to the airport?

  a) What   b) Where   c) How   d) Which

6 - 10. 빈 칸에 들어갈 알맞은 의문사를 쓰세요. (주관식)

6. _____ did Joe leave?

  He left an hour ago.

7. _____ ate the ice cream in the fridge?

  I did.

8. _____ time did you go to bed last night?

  I went to bed at 10 o'clock.

9. _____ was your weekend?

  I took a rest at home.

10. _____ was the meeting canceled?

  There was a blackout in the building.

11 - 15. 질문에 맞는 대답을 선택하세요.

11. How are you today?	a) It is just a block away.
12. When did you arrive?	b) I feel a bit tired.
13. Where have you been?	c) I arrived at 9 am.
14. Where is the nearest bus stop?	d) I met an old friend of mine.
15. Who did you meet at the meeting?	e) We have been in the park.

16 - 20. 질문에 맞는 대답을 선택하세요.

16. Why was the plane delayed?	a) I would like to buy apples.
17. What kind of exercise do you do?	b) I am looking for my room key.
18. What are you looking for?	c) I take a walk every day.
19. How many people were there at the concert?	d) About ten thousand people were there.
20. Which would you like to buy, apples or bananas?	e) It couldn't take off because of heavy snow.

21 - 25. 아래 문장을 ( ) 안의 표현을 이용해서 간접 의문문으로 바꾸세요.

21. What time does the shop open? (Do you know)

_____

22. Why was Julia so mad? (I am wondering)

_____

23. What is your phone number? (Can you tell me)

_____

24. How much did you pay for the computer? (Do you remember)

_____

25. Do you want to stay or not? (I would like to know)

_____

Part 4

형용사, 부사, 비교

형용사

형용사는 명사 또는 대명사의 상태나 성질을 묘사하는 수식어이다. 형용사의 역할은 명사의 앞이나 뒤에 위치하여 그 명사에 대한 상세한 정보를 제공하는 것이다. 정보의 종류는 모양이나 크기, 색상, 나이, 수량, 또는 상태 등이다.

smile 미소	attractive smile 매력적인 미소
jacket 상의	green jacket 녹색 상의
scholar 학자	famous scholar 유명한 학자
architecture 건축 양식	ancient architecture 고대 건축 양식
something 어떤 것	something reliable 믿을 만한 어떤 것
garden 정원	large garden 넓은 정원
building 건물	old building 오래된 건물

명사를 수식하는 방법에는 두 가지가 있다. 이를 한정적 용법과 서술적 용법으로 나눈다.

한정적 용법	서술적 용법
He is an honest boy. 그는 정직한 소년이다.	The boy is honest. 그 소년은 정직하다.
It is a beautiful dress. 그것은 아름다운 드레스이다.	The dress is beautiful. 그 드레스는 아름답다.
They are complex systems. 그것들은 복잡한 시스템이다.	The systems are complex. 그 시스템은 복잡하다.

1. 한정적 용법

명사의 앞 또는 뒤에 위치하여 그 명사를 수식한다. 이 경우 형용사가 해당 명사의 범위를 한정하거나 제한하는 기능을 하기 때문에 한정적 용법이라 부른다. 예를 들면 a climate은 일반적인 기후를 의미하지만, a pleasant climate은 형용사 'pleasant (쾌적한)'에 의해 모든 기후가 아닌 '쾌적한 기후'로 한정된다.

A young man came to see her.
한 젊은 남자가 그녀를 보러 왔다.

An honest person has nothing to fear.
정직한 사람은 두려워할 것이 없다.

My mother is an excellent cook.
어머니는 훌륭한 요리사다. (요리 솜씨가 좋다)

There is nothing new under the sun.
태양 아래 새로운 것은 없다.

We are looking for someone trustworthy.
우리는 믿을 수 있는 사람을 찾고 있다.

cook

* 형용사가 body, one, thing으로 끝나는 단어를 수식할 때는 명사 뒤에 위치한다: something durable (내구성 있는 것), something special (특별한 것), someone suspicious (의심스러운 사람) 등.

2. 서술적 용법

동사 다음에 위치하여 주어 또는 목적어의 성질이나 상태를 보충 설명하는 역할을 한다. 서술적 용법에서 형용사는 보어 역할을 한다 (주격 보어 및 목적격 보어).

a) 주격 보어로서의 형용사

He felt exhausted.
그는 피곤함을 느꼈다.

The sky grew dark.
하늘이 어두워졌다.

These grapes taste sour.
이 포도는 신맛이 난다.

His story sounds pretty believable.
그의 이야기는 꽤 그럴듯하게 들린다.

grape

b) 목적격 보어로서의 형용사

I found the box empty. 나는 그 상자가 비어 있는 것을 발견했다. **We believe him innocent.** 우리는 그가 결백하다고 믿는다. **He always keeps his room clean and tidy.** 그는 항상 자신의 방을 깨끗하고 깔끔하게 유지한다. **The press made him famous.** 언론이 그를 유명하게 만들었다.	* the box = empty * him = innocent * his room = clean and tidy * him = famous

3. 한정적 또는 서술적 용법으로만 쓰이는 형용사

대부분의 형용사는 한정적 및 서술적 둘 다 사용될 수 있다. 그러나 일부 형용사들은 한정적으로만 쓰이거나 서술적으로만 쓰인다.

a) 한정적 용법으로만 사용되는 형용사

chief (주된, 최고의)	only (오직, 유일한)	fallen (떨어진, 쓰러진)	live (살아있는)
former (전의, 전자의)	latter (후자의, 후반의)	elder (연장자의)	main (주된, 중요한)
inner (내부의, 안쪽의)	outer (외부의, 바깥의)	upper (위쪽의, 상부의)	total (전체의, 완전한)

Rice is the chief crop in Vietnam. 쌀은 베트남의 주 곡물이다. **That was a total waste of time.** 그것은 전적으로 시간 낭비이다. **Coffee is the main product in Brazil.** 커피는 브라질의 주요 생산품이다. **A girl is collecting fallen leaves in the park.** 한 소녀가 공원에서 낙엽을 모으고 있다.	 **fallen leaves**

b) 서술적 용법으로만 쓰이는 형용사

alike (같은, 비슷한)	alive (살아있는)	asleep (잠이 든)	alone (혼자, 단독으로)
aware (알고 있는)	ashamed (부끄러운)	afraid (겁내는, 염려하는)	awake (깨어 있는)
content (만족하는)	faint (약한, 희미한)	well (좋은, 건강한)	worth (가치 있는)

A baby is asleep.
아기가 잠이 들었다.

This book is worth reading.
이 책은 읽을 가치가 있다.

He was tired but tried to stay awake.
그는 피곤했지만 깨어 있으려고 노력했다.

Jacob and Joshua are twins, so they look exactly alike.
제이콥과 조수아는 쌍둥이다, 그래서 꼭 닮았다.

twins

4. 수량 형용사

수량 형용사는 명사의 수나 양을 나타내는 형용사로 some, any, many, much, few, little 등이 있다.

a) some, any

'몇 개,' '약간,' 또는 '조금'을 나타내는 형용사로 수와 양 모두에 사용할 수 있다. some은 긍정문에 any는 부정문, 의문문에 사용된다. 그러나 긍정의 답을 기대하는 의문문에서는 some을 사용한다.

I need some sleep.
나는 잠을 조금 자야 한다.

I don't have any money in my wallet.
내 지갑에는 돈이 하나도 없다.

wallet

Is there any milk left in the bottle? 병에 우유가 좀 남아있나요? **Would you like to drink some coffee?** 커피 좀 마시겠습니까?	

b) many, much

'많은'을 의미하는 형용사로 many는 수, 즉 셀 수 있는 명사에 그리고 much는 양, 즉 셀 수 없는 명사에 사용된다. 형용사구 a lot of와 lots of도 many와 비슷한 의미를 갖는다.

We don't have much time. 우리는 시간이 많이 없다. **Mary has many things to do today.** 메리는 오늘 할 일이 많다. **I made many friends at the summer camp.** 나는 여름 캠프에서 많은 친구를 사귀었다. **Jacob spends too much time on video games.** 제이콥은 컴퓨터 게임에 너무 많은 시간을 소비한다. **A lot of people want to join the sports club.** 많은 사람들이 그 스포츠 클럽에 가입하고 싶어한다.	 **video game**

c) few, little

some, any처럼 '몇 개의' 또는 '약간의'라는 의미로 사용된다. 셀 수 있는 명사는 few를 그리고 셀 수 없는 명사는 little을 사용한다. 부정관사 a를 사용한 a few와 a little은 긍정적 의미를 갖고 관사가 없는 few와 little은 부정적 의미를 갖는다.

He has few friends. 그는 친구가 거의 없다. **He has a few friends.** 그는 친구가 몇 사람 있다. **I will be back in a few minutes.** 나는 몇 분 후에 돌아올 것이다.	* a few = some

Quite a few people disagreed with the decision. 상당수의 사람들이 그 결정에 동의하지 않았다. What I need is a little help from you. 내가 필요한 것은 당신으로부터의 약간의 도움이다. I have little money left in my bank account. 나는 은행 계좌에 돈이 거의 남지 않았다.	* quite a few 꽤 많은 (quite a lot) * bank account 은행 계좌

5. 형용사의 어순

복수의 형용사가 사용될 때 따라야 하는 규칙이 있다. 대부분의 경우 형용사는 다음과 같은 순서로 배열된다: 1. 수량 2. 의견 3. 크기 4. 성질 5. 모양 6. 나이 7. 색상 8. 기원 9. 재료 10. 목적.

1 수량	a few, many, several
2 의견	beautiful, amazing, unusual
3 크기	big, small, large, tiny (아주 작은)
4 성질	nice, tidy (깔끔한), rough (거친, 고르지 않은)
5 모양	round, square, oval (타원형의)
6 나이	new, young, old
7 색상	green, red, brown
8 기원	American, British, Dutch (네덜란드의, 네덜란드인의)
9 재료	metal, silk, wood
10 목적	cleaning, cooking, sleeping

그러나 이러한 규칙들은 절대적인 것은 아니다. 같은 영어권에서도 국가에 따라 약간의 차이가 있을 수 있고, 사용하는 사람의 의도에 따라 순서가 바뀔 수도 있다. 또한 실제 문장에서 3 개 이상의 형용사가 연속적으로 사용될 가능성은 적다. 그러므로 위 규칙을 기계적으로 암기하기 보다는, 일반적으로 수나 양을 나타내는 형용사가 가장 먼저 오고, 의견을 나타내는 형용사가 그 뒤에, 그리고 사실 관계와 목적을 나타내는 형용사가 가장 나중에 온다는 정도로 이해할 것을 권한다:

수 → 의견 → 사실 관계 및 목적.

a pair of brown leather shoes 갈색 가죽 구두 한 켤레 **a few black plastic bags** 몇 장의 검은 비닐 봉지 **three big square blue wooden boxes** 세 개의 큰 사각형 파란색 나무 상자들 **She was sitting on a comfortable wood rocking chair.** 그녀는 안락한 나무 흔들의자에 앉아 있었다. **I bought a blue cotton shirt at a store yesterday.** 나는 어제 한 상점에서 청색 면 셔츠를 샀다. **I met a pretty, tall, thin, young, blond, French woman.** 나는 예쁘고, 키가 크고, 야위고, 젊은, 금발의 프랑스 여성을 만났다.	 **rocking chair** * cotton은 명사이지만 cotton blouse, cotton towel 등과 같은 표현에서 형용사로 전용될 수 있다.

 Build up your vocabulary

disagree 동의하지 않다 | disagreement 불일치, 의견 충돌 | agree 동의하다 | agreement 동의, 합의, 승낙 | decision 결정 | decide 결정하다 | wood 나무, 목제, 숲 | wooden 목재의, 나무로 된 | woodcutter 나무꾼

Check-up Test 9

1 - 5. 빈칸에 들어갈 말을 many와 much 중에서 고르세요.

1. I don't have _____ money.

2. He asked me so _____ questions.

3. There are _____ toys in the box.

4. This soup contains too _____ salt.

5. People believed that the earth is flat for _____ years.

6 - 10. 빈칸에 들어갈 말을 few와 little 중에서 고르세요.

6. I will catch you up in a _____ minutes.

7. Please add a _____ milk to the coffee.

8. We need a _____ more chairs in the office.

9. James offered me a _____ useful suggestions.

10. You have to leave a _____ space between the fridge and the wall.

*suggestion 제안, 제의, 의견

11 - 15. 빈 칸에 들어갈 형용사를 보기에서 선택하세요.

alive   aware   awake   asleep   ashamed

11. No one was _____ of the risks.

12. I am _____ of my carelessness.

13. The baby has fallen _____ on the bed.

14. All the passengers and crew were rescued _____.

15. A strong cup of coffee will help you stay _____.

* crew 승무원

Part 4 형용사, 부사, 비교

16 - 20. 빈 칸에 들어갈 형용사를 보기에서 선택하세요.

| live   fallen   former   main   total |

16. A man was raking up _____ leaves in the garden.

17. The _____ number of students in the class is fifteen.

18. Cocoa is one of the _____ ingredients in chocolate.

19. Bill Clinton is the _____ President of the United States.

20. About one million _____ animals are imported into the country every year.

21 - 25. 보기에 주어진 형용사를 올바른 순서로 배열하여 문장을 완성하세요.

21. Today is _____ day. (cool / another / autumn)

22. Anna is wearing _____ earrings. (gold / tiny / her)

23. It was a _____ day when I met her. (hot / long / summer)

24. He was so bored with _____ routine. (daily / monotonous / his)

25. I put the egg yolks in a _____ bowl. (large / mixing / round)

* monotonous 단조로운   routine 규칙적이거나 판에 박힌 일
mixing bowl 휘저어서 거품을 일으킬 때 사용하는 그릇

부사

형용사가 명사를 수식한다면, 부사는 동사와 형용사를 수식하는 단어이다. 또한 부사는 다른 부사를 수식하거나 문장 전체를 수식할 수도 있다.

부사	형용사
Anna drives carefully. 안나는 주의 깊게 운전한다. * 부사 carefully는 동사 drive를 수식 Chris speaks English fluently. 크리스는 영어를 유창하게 말한다. * 부사 fluently는 동사 speak를 수식	Anna is a careful driver. 안나는 주의 깊은 운전자이다. * 형용사 careful은 명사 driver를 수식 Chris is a fluent speaker in English. 크리스는 영어를 유창하게 말하는 사람이다. * 형용사 fluent는 명사 speaker를 수식

1. 부사의 형태

부사는 일반적으로 형용사 + ly의 모양을 갖는다. 그러나 모든 부사가 ly로 끝나는 것은 아니며, ly로 끝나는 형용사도 있으므로 주의를 요한다.

a) 형용사 + ly

대부분의 경우 형용사 다음에 ly를 붙이면 부사가 된다.

real → really abrupt → abruptly (갑자기, 불쑥, 뜻밖에) serious → seriously (심각하게, 진심으로) extreme → extremely (극도로, 극히)	perfect → perfectly

b) le로 끝나는 형용사 + y

자음 + le로 끝나는 형용사는 e를 빼고 y를 붙인다.

noble → nobly (고귀하게, 당당하게) terrible → terribly incredible → incredibly (엄청나게, 믿을 수 없을 정도로)	simple → simply possible → possibly

c) ly로 끝나지 않는 부사

다음은 ly로 끝나지 않는 부사들이다. 부사의 종류는 시간을 나타내는 부사, 횟수 빈도를 나타내는 부사, 그리고 위치 및 거리를 나타내는 부사로 분류했다.

i) 시간을 나타내는 부사

now today tomorrow yesterday before ago once (언젠가)* late (늦게) then (그때, 그 다음에) **We have to work late tomorrow.** 우리는 내일 늦게까지 일해야 한다.	* today나 tomorrow 등은 명사로 쓰일 수도 있다. * once는 시간을 나타낼 수도 있고 또 횟수를 나타낼 수도 있다.

ii) 횟수 또는 빈도를 나타내는 부사

always often every (매번) once (한 번)* twice sometimes (때때로) never seldom (거의 … 않는) almost (거의) **A barking dog seldom bites.** 짖는 개는 잘 물지 않는다. (속담)	* 횟수나 빈도를 나타내는 부사를 빈도 부사라고 부른다. *every는 단어 자체로는 형용사이다. 그러나 문장내에서 시간을 나타내는 다른 명사와 결합하여 부사구의 역할을 한다: every day, every night, every moment 등.

iii) 위치 또는 거리를 나타내는 부사

here there far (멀리) near nearby (인근의, 가까운 곳에) inside (안으로, 내부의) outside (밖에, 외부의) downstairs (아래층으로) upstairs (위층으로) over (위로) beyond (그 너머에) below (아래) **Since it is raining outside, we have to stay inside.** 바깥은 비가 오기 때문에 우리는 실내에 머물러야 한다.	 **upstairs**

 Build up your vocabulary

real 실제의, 실재하는 | **realistic** 현실적인 | **realize** 깨닫다, 인식하다

2. 부사의 역할

부사는 동사, 형용사, 부사, 접속사, 그리고 문장 전체를 수식할 수 있다. 예문을 통해 부사의 역할을 좀 더 자세히 알아보자.

a) 동사 수식

Horses run fast. 말은 빨리 달린다.	* 부사 fast는 동사 run을 수식한다.
The man sometimes talks to his neighbor. 그 남자는 가끔씩 그의 이웃과 이야기한다.	* neighbor 이웃
Brian always gets up at six in the morning. 브라이언은 항상 아침 6시에 일어난다.	
A cat was creeping silently towards the bird. 고양이 한 마리가 조용히 새에게 다가가고 있었다.	* creep 살금살금 움직이다
You should read the contract carefully before signing. 당신은 서명하기 전에 계약서를 주의 깊게 읽어야 합니다.	* contract 계약

b) 형용사 수식

The boy looks pretty smart. 그 소년은 꽤 영리해 보인다.	* 부사 pretty는 형용사 smart를 수식함. * pretty adj. 예쁜 adv. 아주, 매우
Things went completely wrong. 상황이 완전히 잘못되었다.	
What he said was definitely right. 그가 했던 말은 명백히 맞는 말이었다.	
The doctor was incredibly patient. 그 의사는 매우 침착했다.	* incredibly 엄청나게, 믿을 수 없을 정도로
I found that carpentry is somewhat enjoyable. 나는 목공예가 약간 재미있다는 것을 알았다.	* carpentry 목수일, 목공예  **carpentry**

Part 4 형용사, 부사, 비교

c) 부사 수식

Horses run very fast.
말은 매우 빨리 달린다.

They are talking too loudly.
그들은 너무 크게 이야기하고 있다.

We need to work more efficiently.
우리는 더 효율적으로 일할 필요가 있다.

He answered every question almost instantly.
그는 모든 질문을 거의 즉시 대답했다.

The police are investigating the case extremely carefully.
경찰은 그 사건을 매우 신중하게 조사하고 있다.

investigate

d) 문장 수식

독립적으로 사용되어 문장 전체를 수식하는 부사를 독립 부사라고 부른다. 독립 부사는 주로 문장 앞에 위치하며 콤마(,)를 사용한다.

Frankly, I do not trust him.
솔직히, 나는 그를 믿지 않는다.

Surprisingly, she accepted his offer.
놀랍게도, 그녀는 그의 제안을 받아들였다.

Regrettably, all his efforts came to nothing.
애석하게도, 그의 모든 노력은 무위로 돌아갔다.

Fortunately, no one was injured in the accident.
다행히도, 그 사고에서 아무도 다치지 않았다.

Generally, prices in traditional markets are open to negotiation.
일반적으로, 전통시장에서는 가격 흥정이 가능하다.

* come to nothing
허사가 되다

* traditional market 전통 시장
negotiation 협상, 흥정, 절충

이 외에도 probably, fortunately, evidently 등이 독립 부사로 사용될 수 있다.

3. 부사의 종류와 위치

부사는 행동이나 양태를 나타내는 부사, 시간 및 빈도를 나타내는 부사, 그리고 장소를 나타내는 부사로 나누어진다. 이 부사들은 상황에 따라 문장의 앞, 중간, 또는 마지막에 위치할 수 있다.

Suddenly, I felt dizzy. **I suddenly felt dizzy.** 나는 갑자기 현기증을 느꼈다. **They carefully moved the table.** **They moved the table carefully.** 그들은 탁자를 조심스럽게 옮겼다. **Sometimes, we played baseball together.** **We sometimes played baseball together.** 우리는 가끔씩 함께 야구를 했다.	* dizzy 어지러운, 아찔한  **play baseball**

* 부사는 동사와 목적어 사이에 위치해서는 안 된다: They moved carefully the table. (X)

a) 행동이나 양태를 나타내는 부사:

행동이나 양태를 나타내는 부사는 문장의 중간 또는 마지막에 위치한다. 양태 부사는 easily, frankly, gently, happily, kindly, badly, seriously, well, hard 등이다.

I easily solved the puzzle. 나는 쉽게 그 수수께끼를 풀었다. **He instantly corrected his mistake.** 그는 즉시 자신의 실수를 정정했다. **She reluctantly agreed to the proposal.** 그녀는 마지못해 그 제안에 동의했다. **It was raining hard.** 비가 심하게 오고 있었다. **Bianca can speak Italian well.** 비앙카는 이태리어를 잘 한다.	* puzzle 퍼즐, 수수께끼  **puzzle** * reluctantly 마지못해, 싫 어하며

* 어미가 ly로 끝나지 않는 양태 부사들은 주로 문장의 끝에 위치하는 것이 일반적이다.

b) 시간을 나타내는 부사

시간을 나타내는 부사는 대개 문장의 끝에 위치한다. 시간 부사는 now, later, today, tomorrow 등이 있다.

It is warm today. 오늘은 날씨가 따뜻하다. **I will call you later.** 내가 나중에 전화할 게. **Amy is moving to Tokyo next month.** 에이미는 다음 달 도쿄로 이사할 것이다. **I went shopping at the department store yesterday.** 나는 어제 백화점으로 쇼핑하러 갔다.	* department store 백화점

c) 빈도를 나타내는 부사

빈도를 나타내는 부사는 주동사 앞, 또는 조동사 다음에 위치하는 것이 일반적이다. 그러나 be 동사가 있는 경우는 be 동사 다음에 위치한다. 빈도 부사에는 often, always, never, sometimes, usually, frequently (종종), occasionally (가끔) 등이 있다.

He often travels abroad. 그는 종종 해외로 여행한다. **I usually drink coffee after lunch.** 나는 대개 점심 식사 후 커피를 마신다. **She is frequently absent from school.** 그녀는 종종 학교를 결석한다. **Mathew has never been to New York.** 매튜는 뉴욕에 가본 적이 없다.	 **travel abroad**

 Build up your vocabulary

absent **adj** 결석한, 없는, 부재한 **v** 결석하다, 결근하다, 불참하다 | **absent minded** 정신이 딴 데 팔린, 얼빠진, 정신이 멍한 | **absence** 결근, 부재, 결핍

d) 구체적인 시간이나 횟수를 나타내는 부사

빈도를 나타내더라도 every, once, twice처럼 구체적인 숫자나 횟수가 포함된 부사 또는 부사구는 문장의 끝에 위치한다.

John bikes to work every day.
존은 매일 자전거로 출근한다.

They go swimming together once a week.
그들은 일주일에 한 번 함께 수영하러 간다.

Robert goes to the cinema twice a month.
로버트는 한 달에 두 번 영화 보러 간다.

The fashion magazine is published quarterly.
그 패션 잡지는 계간으로 발행된다.

bike
* publish 출판하다
* quarterly 분기별의, 계간의

e) 장소나 방향을 나타내는 부사

장소나 방향을 나타내는 부사는 주동사 또는 부사가 수식하는 구나 절 다음에 위치하는 것이 일반적이다. 장소 및 방향 부사는 동사를 수식하며, 형용사나 다른 부사를 수식하지 않는다. 대표적인 장소 부사는 here, there, everywhere, abroad, across, ahead, inside, outside 등이 있으며, 방향을 나타내는 부사는 forward, backward, upward(s), downward(s), eastward(s) 등이 있다.

Let's go inside.
안으로 들어 가자.

He tried to move forwards.
그는 앞으로 움직이려고 노력했다.

Why don't you take a look outside?
밖을 한 번 보는 게 어때?

She was looking for him everywhere.
그녀는 그를 찾아 사방으로 다녔다.

The elevator started moving upwards.
엘리베이터가 위로 움직이기 시작했다.

* take a look …을 한 번 보다

* look for …을 찾다

 Build up your vocabulary

look for … 을 찾다 | **look after** … 을 돌보다 | **look forward to** 기대하다 | **elevator** 승강기 | **elevate** 올리다, 높이다, 승진시키다 | **elevated** 높은, 고상한

f) 강조하기 위해 사용하는 부사

강조 부사는 형용사나 다른 부사를 수식하기 위해 사용되며, 수식하는 단어 바로 앞에 위치한다. 대표적인 강조 부사의 예는 very와 really이다. 그 외 terribly, pretty, clearly, obviously, undoubtedly, extremely, absolutely, surprisingly 등도 자주 사용되는 표현들이다.

It is definitely my fault.
그것은 명백히 내 잘못이다.

I am really sorry if I disturbed you.
방해를 했다면 정말 죄송합니다.

* disturb 방해하다

I am absolutely sure of his honesty.
나는 그의 정직성을 절대적으로 믿는다.

* be sure of 믿다, 확신하다

The market is surprisingly quiet today.
오늘은 시장이 놀라울 정도로 조용하다.

He is undoubtedly one of the best players in the world.
그는 확실히 세계에서 가장 뛰어난 선수들 중의 한 사람이다.

* undoubtedly 확실히, 의심의 여지없이

※ 부사와 혼동하기 쉬운 형용사

형용사이면서 ly로 끝나는 단어들이 있다. 부사와 혼동을 하지 않도록 주의를 요한다.
다음은 ly로 끝나는 형용사들이다.

---

i) 철자가 ly로 끝나는 형용사
   silly (어리석은)   ugly (못생긴, 추한)
ii) 명사 + ly = 형용사
   daily   cowardly (겁이 많은, 비겁한)   costly (값비싼, 희생이 큰)
   orderly (정돈된, 정연한)   timely (시기적절한)   friendly
iii) 형용사 + ly가 형용사인 경우
   deadly   lonely   lively (활기찬, 적극적인)
   * deadly는 형용사와 부사일 때 서로 의미가 달라진다: **adj.** 치명적인 **adv.** 극도로, 지독히

Build up your vocabulary

define 정의하다, 분명히 밝히다 | **definition** 정의 | **definite** 명확한, 분명한 |
doubt 의심, 의혹 | **doubtful** 확신이 없는, 의혹을 품은

Check-up Test 10

1 - 10. 빈 칸에 들어갈 알맞은 말을 ( ) 안에서 고르세요.

1. I arrived home _____. (late / lately)

2. Have you seen Monica _____? (late / lately)

3. Snow was falling very _____. (heavy / heavily)

4. I couldn't go out because of the _____ rain. (heavy / heavily)

5. We need to do something _____. (quick / quickly)

6. We are going to take a _____ break. (quick / quickly)

7. I am _____ not sure what was wrong. (real / really)

8. If things go wrong, you will be in _____ trouble. (real / really)

9. Houses in London are _____ expensive. (extreme / extremely)

10. Some people are living in _____ poverty. (extreme / extremely)

11 - 15. 빈 칸에 들어갈 알맞은 단어를 보기에서 선택하세요.

| brave | bravely | hard | hardly | quiet | quietly |

11. Jack studies _____ to pass the test.

12. I want to find a _____ place to take a rest.

13. The soldiers resisted the enemy _____.

14. They are twins, so I can _____ tell who was who.

15. She spoke so _____ that I could not hear what she said.

Part 4 형용사, 부사, 비교

16 - 20. ( ) 안의 단어를 사용하여 문장을 완성하세요.

16. Tom drives _____. He is a _____ driver. (careful / carefully)

17. Jane plays tennis _____. She is a _____ tennis player. (well / good)

18. I _____ drink. I am an _____ drinker. (occasional / occasionally)

19. My brother cooks _____. He is a _____ cook. (terrible / terribly)

20. Ann was _____ at Jacob. She reacted _____ to him. (angry / angrily)

21 - 25. ( ) 안의 단어를 이용하여 우리말을 영어로 옮기세요.
필요하다면 동사의 시제나 품사를 바꾸세요.

21. 오늘은 날씨가 너무 덥다. (hot / too)

The weather _____.

22. 청중들은 크게 웃었다. (laugh / loud)

The audience _____.

23. 그때는 그가 그녀를 잘 알지 못했다. (then / very / well)

He didn't _____.

24. 알렉스는 자신의 약속을 까맣게 잊고 있었다. (appointment / forget / complete)

Alex _____.

25. 그 선수는 경기가 끝난 직 후 유명해졌다. (after / become / famous / immediate)

The player _____ the match.

Chapter 11

비교

비교는 둘 이상의 대상 간의 크기, 양, 질 등의 차이를 비교하는 문장 형식을 말한다. 비교법의 종류에는 동등함을 나타내는 원급, 둘 사이의 우월함을 나타내는 비교급, 그리고 셋 이상의 대상에서 가장 우월함을 나타내는 최상급이 있다. 비교 수식하는 단어는 형용사 또는 부사를 사용한다.

1. 비교 표현

비교 표현에는 원급, 비교급, 그리고 최상급의 세 가지가 있으며 표현 방법은 다음과 같다.

a) 원급

비교 대상이 서로 동등함을 나타내는 표현이다. 동등 비교 표현은 as … as 구문을 사용한다. 부정문은 as 대신 so를 사용하여 not so … as로 표현할 수 있다.

Jane is as tall as her sister. 제인은 그녀의 언니만큼 키가 크다. **You can stay with us as long as you want.** 당신은 원하는 만큼 오래 우리와 함께 지낼 수 있습니다. **David can sing almost as well as a professional singer.** 데이비드는 거의 직업 가수만큼 노래를 잘 부른다. **My grandmother is not so healthy as she used to be.** 우리 할머니는 예전처럼 건강하시지 않다.	* professional 전문적인, 직업적인 * used to …하곤 했다, 과거에는 …였다

b) 비교급

두 개의 비교 대상 간의 우월함 또는 열등함을 나타내는 표현이다. 우월 비교는 2음절 이하의 형용사나 부사는 단어의 끝에 er을 붙이고, 3 음절 이상의 단어는 수식어 앞에 more를 사용한다. 열등 비교는 수식어의 음절 수와 관계없이 less와 형용사 원급을 사용한다.

Jupiter is larger than Earth. 목성은 지구보다 더 크다.	* Jupiter 목성
It is colder today than it was yesterday. 오늘은 어제보다 더 춥다.	
I think physics is much harder than math. 내 생각에는 물리학이 수학보다 훨씬 더 어렵다.	* much는 비교급을 강조하기 위해 사용한다. (비교급 강조 참고) * physics 물리학 mathematics 수학
Jane is less smart than her sister. 제인은 그녀의 언니보다 덜 영리하다.	

c) the 비교급 + the 비교급

'… 하면 할수록 더 … 하다'는 의미를 나타낸다.

The less you spend, the more you can save. 소비를 적게 할수록 저축을 더 많이 할 수 있다.	* the less …, the more … 더 적게 … 할수록 더 많이 … 하다
The more you read, the better you understand. 더 많이 읽을수록 더 잘 이해한다.	
The more I learn, the more I realize how much I don't know. 나는 배우면 배울수록 내 자신이 무지하다는 것을 깨닫게 된다. (Einstein)	* realize 깨닫다, 인식하다

d) 최상급

최상급은 3개 이상의 비교 대상 중, 최고이거나 최하임을 묘사하는 표현이다. 2음절 이하의 형용사 또는 부사는 단어의 끝에 est를 붙이고, 3음절 이상의 단어는 수식어 앞에 most를 사용한다. 최상급은 항상 정관사 the를 함께 사용해야 한다.

John is the tallest student in the class. 존은 학급에서 가장 키가 큰 학생이다.
Bill Gates is the richest person in the world. 빌 게이츠는 세계에서 가장 부유한 사람이다.

 Build up your vocabulary

realization 깨달음, 인식, 자각 | **real** 실제의, 현실적인 | **reality** 현실 | **realistic** 현실적인

Ella is the most beautiful girl I have ever seen.
앨라는 내가 지금까지 본 가장 아름다운 소녀이다.

Jupiter is the coldest planet in the solar system.
목성은 태양계에서 가장 추운 행성이다.

* I have ever seen
내가 지금까지 본
* planet 행성 ↔
star 별, 항성
solar system 태양계

e) 원급 및 비교급을 이용한 최상급 표현

Damascus is the oldest city in the world.
다마스쿠스는 세상에서 가장 오래된 도시이다. (최상급)

No (other) city in the world is as old as Damascus.
이 세상의 어느 도시도 다마스쿠스만큼 오래되지 않았다. (원급)

No (other) city in the world is older than Damascus.
이 세상의 어느 도시도 다마스쿠스보다 더 오래되지 않았다. (비교급)

No other boy in our class is so intelligent as John.
우리 반의 어느 누구도 존만큼 영리하지 않다. (원급)

No other animal on the planet is larger than the blue whale.
지구상의 어느 동물도 대왕고래보다 더 크지 않다. (비교급)

* Damascus 시리아
의 수도, 이슬람 문화의
4대 도시 중의 하나.

* intelligent 총명한,
지능적인
* on the planet 지구
상에서 (= on earth)
blue whale 대왕고래

Part 4 형용사, 부사, 비교

2. 형용사의 비교급과 최상급 변화

형용사에는 규칙적으로 변화하는 형용사와 불규칙적으로 변화하는 형용사가 있다.

a) 형용사의 규칙 변화

규칙 변화 형용사는 음절 수에 따라 다음과 같이 변화한다.

i) 1 음절 형용사

1 음절 형용사의 비교급은 단어 끝에 er을 붙이고, 최상급은 est를 붙인다. 단어가 e로 끝나는 경우는 r만 붙이면 된다. 자음 단모음 자음으로 구성된 단어는 이중 자음을 만든 후 어미를 붙인다.

 Build up your vocabulary

intelligent 총명한, 영리한 | intelligence 지능, 기밀, 정보 | intelligible (쉽게) 이해할 수 있는

원급	비교급	최상급
rich	richer	richest
tall	taller	tallest
fine	finer	finest
big	bigger	biggest
fat	fatter	fattest
thin (얇은)	thinner	thinnest

ii) 2 음절 형용사

2 음절 형용사는 단어에 따라 어미에 er과 est를 붙이기도 하고, 또는 단어 앞에 more와 most를 사용하기도 한다. 어미가 y로 끝나는 단어는 y를 i로 바꾼 후 er 또는 est를 붙인다.

원급	비교급	최상급
quiet	quieter	quietest
simple	simpler	simplest
busy	busier	busiest
early	earlier	earliest
heavy	heavier	heaviest
tired	more tired	most tired
careful	more careful	most careful
helpful	more helpful	most helpful

iii) 3 음절 이상의 형용사

3 음절 이상의 형용사는 단어 앞에 more 또는 most를 두어 비교급 및 최상급을 만든다.

원급	비교급	최상급
creative	more creative	most creative
popular	more popular	most popular
generous	more generous	most generous
dangerous	more dangerous	most dangerous
comfortable	more comfortable	most comfortable

b) 형용사의 불규칙 변화

불규칙 변화 형용사는 비교급 및 최상급에서 형태가 전혀 다른 단어를 사용한다.

원급	비교급	최상급
good (좋은) well (건강한) bad (나쁜) ill (아픈) many (수가 많은) much (양이 많은)	better worse more	best worst most
little	less	least
late	later (시간적으로 더 늦은) latter (순서가 더 뒤인)	latest (최근의) last (최후의, 마지막의)
far	farther (거리) further (정도, 거리)	farthest furthest
old	older (나이가 더 많은) elder (손위의 형제, 자매) * elder sister (언니, 누나)	oldest eldest * the eldest son (장남)

3. 비교급의 수식 및 강조

비교 표현을 수식 및 강조할 때 비교급인 경우와 최상급인 경우 사용하는 단어의 차이가 있다.

a) 비교급을 수식하거나 강조하는 표현: much / a lot / a little / a bit / far / slightly

Bamboo is far harder than pine. 대나무는 소나무보다 훨씬 더 단단하다. **His car is a lot bigger than mine.** 그의 차는 내 차보다 훨씬 더 크다. **The test result is much better than I expected.** 시험 결과는 내가 기대했던 것보다 훨씬 더 좋다. **The new product is slightly more expensive than the previous one.** 신제품은 이전 제품보다 약간 더 가격이 비싸다.	* bamboo 대나무 　pine 소나무

b) 최상급을 수식하거나 강조하는 표현: nearly / quite / by far / very / easily

She is nearly the youngest in the company. 그녀는 그 회사에서 거의 가장 어리다. **This novel is by far the best I have ever read.** 이 소설은 단연코 내가 지금까지 읽었던 최고의 소설이다. **That is easily the best way to resolve the conflict.** 그것은 의심할 여지없이 그 분쟁을 해결하는 최상의 방법이다. **He is quite the most intelligent person I have ever met.** 그는 확실히 내가 지금까지 만났던 가장 지적인 사람이다.	* conflict 분쟁, 갈등 * intelligent 지적인, 지성적인

c) 최상급 표현에서 the를 생략하는 경우

최상급은 항상 정관사 the를 함께 사용해야 한다. 그러나 다음과 같은 경우에는 the를 사용하지 않거나, the를 생략할 수 있다.

i) 최상급이 명사 또는 대명사의 소유격과 함께 사용될 때 the를 사용하지 않는다.

What is your most important asset? 당신의 가장 중요한 자산은 무엇입니까? **The Starry Night is perhaps Van Gogh's most famous painting.** 별이 빛나는 밤은 아마도 반 고흐의 가장 유명한 그림일 것이다.	* asset 자산, 재산

ii) 동일 대상의 성질이나 속성을 비교할 때 the를 사용하지 않는다.

The lake is deepest at this point. 호수는 이 지점이 가장 깊다. **The rainfall in this area is highest in July.** 이 지역의 강우량은 7월에 가장 높다.	* rainfall 강우(량)

 Build up your vocabulary

creative 창조적인, 창의력이 있는 | create 창작하다, 창조하다
creation 창조, 창작, 창작품 | creature 생물, 피조물 | recreation 오락, 휴양,
취미삼아 하는 일 | re-creation 개조, 재현

iii) 부사의 최상급일 때 the를 생략할 수 있다.

Brian ran fastest in the first race. 브라이언은 첫 번째 경주에서 가장 빨리 달렸다. **He finished the test (the) most quickly.** 그는 테스트를 가장 빨리 끝냈다.	* race 경주, 달리기

4. 비교급 관용 표현

다음은 영어 문장에서 빈번하게 사용되는 비교급을 이용한 관용 표현이다. 독해력 향상을 위해 필수적인 어구들이므로 잘 숙지해둘 것을 권한다.

Part 4 형용사, 부사, 비교

The survey will take no more than twenty minutes. 그 여론조사는 불과 20 분밖에 걸리지 않을 것이다.	* no more than 단지 … 일 뿐 (only, nothing but)
There were not more than ten people at the meeting. 회의에는 기껏해야 10 명밖에 참석하지 않았다.	* not more than 많아야, 기껏해야 (at most)
No less than ten thousand people came to see the concert. 무려 만 명이나 되는 사람들이 공연을 보기 위해 왔다.	* no less than … 만큼, 무려 … 이나 (as many as / as much as)
We need not less than thirty members. 우리는 적어도 30 명의 회원이 필요하다.	* not less than 적어도 (at least)
We will be safe as long as we stay together. 함께 있는 한 우리는 안전할 것이다.	* as long as / so long as / as far as … 하는 한 (if)
As far as I recollect, she didn't come to the party. 내가 기억하는 한, 그녀는 파티에 오지 않았다.	

 Build up your vocabulary

safe (adj) 안전한 (n) 금고 | **safety** 안전 | **safeguard** (v) 보호하다 (n) 보호장치 |
recollect 기억해내다 | **recollection** 기억, 기억력

Check-up Test 11

1 – 5. 다음 단어들의 비교급과 최상급을 쓰세요. (규칙 변화 형용사)

1. big	_____	_____
2. sad	_____	_____
3. easy	_____	_____
4. heavy	_____	_____
5. comfortable	_____	_____

6 – 10. 다음 단어들의 비교급과 최상급을 쓰세요. (불규칙 변화 형용사)

6. bad	_____	_____
7. little	_____	_____
8. much	_____	_____
9. far (정도)	_____	_____
10. late (순서)	_____	_____

11 – 15. 보기를 참고하여 문장을 완성하세요.

Jane is smart.
  → Ann is smarter than Jane.

11. Allen is tall.

  → Bill _____

12. Tom runs fast.

  → John _____

13. The hippo is large.

  → The elephant _____

14. Basketball is popular.

→ Football _____

15. A desktop is expensive.

→ A laptop _____

16 - 20. ( ) 안의 단어를 사용하여 문장을 완성하세요.

16. Brazil is _____ (long) country in South America.

17. He is _____ (kind) person that I have ever met.

18. What is _____ (cold) month of the year in Korea?

19. It was probably _____ (boring) film I have seen.

20. The dog is _____ (intelligent) any other domesticated animal.

21 - 25. ( ) 안의 단어를 사용하여 두 문장이 동일한 의미가 되도록 문장을 완성하세요.

21. Maria is the best singer in our class. (sing / than)

No one _____ than Maria.

22. Cathy earns more money than Emma. (not / as much … as)

Emma _____ as Cathy.

23. Chris works the hardest in the group. (than / any other boy)

Chris _____ in the group.

24. This is the tallest building I have ever seen. (never / such a)

I _____ before.

25. New York is the largest city in the United States. (as … as)

No other city _____ as New York.

Part 5

부정사,
동명사,
분사

부정사

부정사에는 to + 동사 원형을 사용하는 'to 부정사'와 동사 원형만을 사용하는 '원형 부정사'가 있다.
부정사는 동사를 사용하지만 문장에서의 문법적 기능은 명사, 형용사, 그리고 부사의 역할을 한다.

1. 부정사의 용법

부정사는 문장에서의 역할에 따라 명사적 용법, 형용사적 용법, 그리고 부사적 용법의 세 가지로 나눌 수 있다.

a) 명사적 용법

다음은 부정사가 명사 역할을 하는 예문들이다. 이 경우 부정사는 명사처럼 사용되어서 문장의 주어, 보어 또는 목적어가 된다.

To sing is fun. (주어)
노래하는 것은 재미있다.

To swim in this river is dangerous. (주어)
이 강에서 수영하는 것은 위험하다.

My hobby is to ride a mountain bike. (보어)
나의 취미는 산악 자전거를 타는 것이다.

The important thing is to be punctual. (보어)
중요한 것은 시간을 엄수하는 일이다.

He wants to live in the countryside. (목적어)
그는 시골에서 살기를 원한다.

I asked him to keep an eye on my suitcase. (목적어)
나는 그에게 내 여행 가방을 봐 달라고 부탁했다.

* dangerous 위험한

* ride (말, 자전거, 차량 등을) 타다, 몰다

* punctual 시간을 지키는
* keep an eye on … 을 지켜보다, 주시하다

suitcase

b) 형용사적 용법

부정사는 형용사처럼 명사를 수식하는 역할을 한다. 부정사의 형용사적 용법에는 한정적 용법과 서술적 용법이 있다.　＊ Chapter 9 형용사 참고

i) 한정적 용법

부정사가 명사 뒤에서 그 명사를 수식하는 것을 한정적 용법이라고 말한다. (앞 명사의 범위를 한정한다는 의미)

I need something to drink. 나는 마실 것이 필요하다. **I have some work to do today.** 나는 오늘 해야 할 일이 좀 있다. **There is no reason to disbelieve what he said.** 그가 한 말을 믿지 못할 이유가 없다. **There are a couple of things to be considered first.** 먼저 고려해야 할 일이 두 가지가 있다.	* 'be considered first'는 앞에 위치한 명사구 a couple of things를 수식 또는 한정한다.

ii) 서술적 용법

서술적 용법은 부정사가 문장에서 주어나 목적어의 보어로 사용되는 경우를 말한다. 주로 '예정, 의무, 가능, 소망 및 운명'의 뜻을 나타내며 'be to 용법'이라고도 한다.

The concert is to begin at 7 p.m. (예정) 콘서트는 오후 7시에 시작할 예정이다. **We are to find a solution to the problem by next Friday.** (의무) 우리는 다음 주 금요일까지 이 문제에 대한 해결책을 찾아야 한다. **You are to make a success without other's help.** (가능) 당신은 다른 사람의 도움 없이도 성공할 수 있다. **If you are to be an architect, study architecture in college.** (소망) 만약 당신이 건축가가 되고 싶다면, 대학에서 건축학을 공부하세요. **He was never to see her again.** (운명) 그는 그녀를 다시는 보지 못했다.	* solution 해결, 해결책 * architect 건축가 architecture 건축학

c) 부사적 용법

부정사가 부사구의 역할을 하는 용법이다. 문장의 앞 또는 뒤에 위치하여 동사, 형용사, 부사 또는 문장 전체를 수식한다. 부정사에서 가장 활용도가 높은 기능으로 '행위의 목적'이나 '결과,' '판단의 근거'나 '감정의 원인,' 그리고 '조건'을 나타낼 때 사용된다.

i) 행위의 목적: …하기 위해

Maria went to Boston to study medicine. 마리아는 의학을 공부하기 위해 보스턴으로 갔다. **The police came to inspect the crime scene.** 경찰이 범죄 현장을 조사하기 위해 왔다.	* crime scene 범죄 현장

ii) 행위의 결과: …해서 …했다

The boy grew up to be a famous scientist. 그 소년은 자라서 유명한 과학자가 되었다. **I awoke to find that it snowed heavily last night.** 잠에서 깨어보니 어젯밤에 눈이 많이 내렸다는 것을 알았다.	* awake (잠에서) 깨다

iii) 감정의 원인이나 판단의 근거: … 때문에, … 하는 것을 보니

I am glad to work with you. 당신과 함께 일하게 되어 기쁩니다. **I am happy to accept your invitation.** 당신의 초대를 기쁘게 받아들입니다. **He must be mad at you to act like that.** 그가 그렇게 행동하는 것을 보니 당신에게 화가 난 것이 틀림없다. **You must be out of mind to do such a foolish thing.** 그런 어리석은 일을 하다니 당신은 정신이 나갔음에 틀림이 없다.	* be mad at … 에게 화가 나다 * out of mind 제 정신이 아닌

iv) 조건

To talk with him, you will find him honest. 그와 이야기해 보면, 당신은 그가 정직한 사람인 것을 알게 될 것이다. **To hear her sing, you would take her for an opera singer.** 그녀가 노래하는 것을 들으면, 당신은 그녀를 오페라 가수로 여길 것이다.	* take A for B A 를 B로 여기다

2. 부정사의 주어, 시제 및 부정

부정사는 행위나 동작을 표현하는 동사의 기능을 포함하고 있다. 따라서 그 동작의 주어와 시제를 나타낼 수 있으며, 또한 긍정과 부정을 표현할 수 있다.

a) 부정사의 의미상의 주어

부정사의 의미상의 주어는 문장의 주어 또는 목적어가 될 수 있다.

i) 문장의 주어가 부정사의 의미상의 주어인 경우

I decided to stay a few more days. 나는 며칠 더 머물기로 결정했다. **You should start early to avoid heavy traffic.** 당신은 교통 체증을 피하기 위해 일찍 출발해야 한다. **He promised to return before dark.** 그는 어둡기 전에 돌아오겠다고 약속했다.	* stay, avoid, return 의 의미상의 주어는 각각 I, you, he이다.

ii) 문장의 목적어가 부정사의 의미상의 주어인 경우

I asked her to call me back. 나는 그녀에게 전화를 해달라고 요청했다. **She persuaded him to stop smoking.** 그녀는 그를 설득해서 담배를 끊게 했다. **I recommended him to book his flight early.** 나는 그에게 비행편을 일찍 예약할 것을 권했다.	* call, stop의 의미상의 주어는 각각 her, him 이다. * book a flight 항공편을 예약하다

iii) 의미상의 주어가 특정인이 아닌 일반 대중인 경우

It is easy to find faults in others. 타인의 흠을 잡는 것은 쉽다. **It takes a long time to master a foreign language.** 외국어를 정복하는 것은 시간이 오래 걸린다.	* 문장의 주어는 일반 대중 즉, we, you 또는 people이 된다.

iv) 의미상의 주어를 따로 표현하는 경우

It is difficult for him to finish the task on time. 그가 그 일을 시간에 맞게 끝내기는 어렵다. **It was careless of you to trust what he said.** 네가 그의 말을 믿은 것은 경솔했다.	* 대부분의 경우 to 동사 앞에 for 목적어를 써서 의미상의 주어를 나타낸다. 그러나 kind, wise, careless, foolish, rude 등과 같이 사람의 성격이나 성질을 묘사하는 형용사는 of를 사용한다.

Part 5 부정사, 동명사, 분사

b) 부정사의 시제와 부정

부정사의 시제는 단순형과 완료형으로 나타낸다. 단순 부정사는 문장의 주동사와 시제가 같거나 미래일 때 사용한다: to + 동사 원형. 완료형 부정사는 주동사의 시점보다 과거일 때 사용한다: to + have 과거 분사.

i) 단순 부정사

부정사의 시제가 주문장의 시제와 같거나 주문장 시제보다 미래임을 나타낸다.

She appears to be ill. 그녀는 아픈 것처럼 보인다. **He is proud to be a member of the team.** 그는 그 팀의 회원이 된 것을 자랑스럽게 여긴다. **I expect to visit Paris next month.** 나는 다음 달 파리를 방문할 것으로 기대한다.	* It appears that she is ill. (현재 아픔.) * He is proud that he is a member of the team. (현재 회원임.) * 미래 방문할 것을 현재 기대하고 있음을 나타낸다.

ii) 완료 부정사

부정사의 시제가 주문장의 시제보다 과거임을 나타낸다.

She appears to have been ill. 그녀는 아팠던 것처럼 보인다. **I am sorry to have missed your party.** 당신의 파티에 참석하지 못해 미안합니다. **She was sorry to have missed the concert.** 그녀는 콘서트에 참석하지 못했던 것이 아쉬웠다. **He is proud to have been a member of the team.** 그는 그 팀의 회원이었던 것을 자랑스럽게 여긴다.	* It appears that she was ill. (과거에 아팠음.) * I am sorry that I missed your party. (과거에 참석하지 못한 것을 지금 사과하는 표현.) * She was sorry that she had missed the concert. * He is proud that he was a member of the team. (지금은 회원이 아님.)

iii) 부정사의 부정

부정사를 부정문으로 만들고자 할 때는 부정사 앞에 not 또는 never를 추가한다.

They decided not to attend the rally. 그들은 집회에 참석하지 않기로 결정했다. **He asked me not to be late for the meeting.** 그는 나에게 회의에 늦지 말라고 요구했다.	* rally 집회, 대회

| I make it a rule never to talk about work at home. 나는 집에서 일에 관한 이야기를 하지 않는 것을 규칙으로 한다. | * make it a rule to … 하는 것을 규칙으로 삼다 |

3. 원형 부정사

일반적으로 부정사는 to + 동사 원형의 형태이다. 그러나 동사 원형만을 취하는 부정사가 있다. 이를 원형 부정사라고 한다. 원형 부정사는 조동사, 지각동사, 사역동사와 함께 사용된다.

a) 조동사

조동사에는 do, can, must, will, should 등이 있다. 그리고 have to와 had better도 조동사로 취급한다. 조동사 다음에 오는 동사는 원형을 사용해야 한다.

| She can speak French. 그녀는 불어를 할 수 있다. You should be careful not to catch a cold. 감기에 걸리지 않도록 주의해야 한다. You had better not believe the rumor. 그 소문은 믿지 않는 것이 좋다. | * should be는 조동사 + 원형 부정사이고 to catch는 to + 동사 원형이다. * had better … 하는 것이 좋다 |

b) 지각동사

감각을 통해 보고, 듣고, 느끼는 것을 표현하는 동사를 지각동사라고 한다. 지각 동사에는 see, look, hear, listen, feel, smell 등이 있다. 문장 구조는 지각동사 + 목적어 + 동사 원형의 형태를 갖는다.

| He felt someone touch his shoulder. 그는 누군가가 그의 어깨를 만지는 것을 느꼈다. We saw him play basketball yesterday. 우리는 어제 그가 농구하는 것을 보았다. Have you heard her sing on the stage? 당신은 그녀가 무대에서 노래하는 것을 들어 본 적이 있나요? | * touch one's shoulder 어깨를 건드리다 * on the stage 무대에서 |

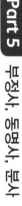

Part 5 부정사, 동명사, 분사

c) 사역 동사

사역은 일을 시킨다는 뜻이다. 따라서 사역 동사는 상대방에게 어떤 일을 하게 하는 동사를 의미한다. 사역 동사에는 let, have, make가 있다.

I will let you try one more time.
한 번 더 시도할 기회를 줄게.

Let Tom take a rest.
Tom을 쉬게 하세요.

He made his son cut the grass in the garden.
그는 아들에게 정원의 잔디를 깎게 했다.

The news made her cry.
그 소식은 그녀를 울게 했다.

We have to make it work before noon.
우리는 그것을 정오 전까지 작동시켜야 한다.

The boss had his secretary copy the report.
사장은 자신의 비서를 시켜서 보고서를 복사하게 했다.

I had someone repair my car. /
I arranged for someone to repair my car.
나는 어떤 사람에게 내 차를 수리하게 시켰다.

(I had my car repaired.)

* take a rest 휴식을 취하다

* make it work 그것을 작동시키다, 작동하게 하다

secretary
* someone, 즉 수리를 하는 사람이 목적어이므로 동사 원형을 사용한다:
My car was repaired.
Someone repaired my car.
* my car는 수리를 받는 대상이므로 수동형 과거 분사를 사용한다.

 Build up your vocabulary

believe 믿다, 생각하다 | **belief** 믿음, 신념, 확신 | **believable** 그럴듯한 |
boss 상관, 상사 | **bossy** 우두머리 행세를 하는, 권위적인

Check-up Test 12

1 - 5. 보기의 단어를 이용하여 문장을 완성하세요.

| buy   take   study   work   waste |

1. We have no time _____.

2. I got up early _____ the first train.

3. He decided _____ physics at college.

4. We agreed _____ on the project together.

5. John went into a grocery store _____ some food.

6 - 10. ( )에 주어진 단어를 이용하여 문장을 완성하세요.

6. I expect _____ _____ here in an hour. (she / be)

7. She asked _____ _____ the report on time. (I / finish)

8. His parents persuaded _____ _____ the army. (he / join)

9. The man warned _____ _____ on double yellow lines. (we / park / not)

10. I recommended _____ _____ a room with a view of the lake. (they / book)

* double yellow lines 황색 두 줄로 표시된 주차 금지선

11 - 15. ( )의 단어와 전치사 of 또는 for를 사용하여 문장을 완성하세요.

11. It was very kind _____ _____ me. (you / help)

12. Today's weather is too hot _____ _____. (we / work)

13. The book was too difficult _____ _____. (I / understand)

14. It was very thoughtful _____ _____ her a present. (he / send)

Part 5

부정사, 동명사, 분사

119

15. There is nothing left _____ _____ about the matter. (she / say)

16 - 20. 보기의 단어를 이용하여 문장을 완성하세요.

| call   come   fly   run   tell |

16. I saw a man _____ down the street last night.

17. I will let him _____ you more about our plan.

18. We watch birds _____ to the south every autumn.

19. I heard someone _____ my name in the distance.

20. If you work hard, you can make your dream _____ true.

21 - 25. 빈 칸을 채워 두 문장이 동일한 의미가 되게 하세요.

21. It seems that she was ill.

She seems to _____.

22. I'm sure they arrived at the airport.

They must _____.

23. I still believe that he told the truth.

I still believe him to _____.

24. We were surprised when we heard the news.

We were surprised to _____.

25. She pretended that she knew nothing about it.

She pretended to _____.

Chapter 13

동명사

동명사는 동사원형에 ing를 붙여서 명사로 전용된 단어를 말한다. 동명사는 동사의 특징과 명사의 특징을 동시에 갖는다. 동사 '…하다'는 동명사가 되면서 '…하는 것'으로 해석된다.

have → having 가지다 가지는 것 begin → beginning 시작하다 시작하는 것	give → giving 주다 주는 것 travel → traveling 여행하다 여행하는 것	cancel → canceling 취소하다 취소하는 것 win → winning 이기다 이기는 것

1. 동명사의 동사적 기능

동명사는 동사에서 유래된 단어이므로 동사의 기능을 한다. 동사의 기능이란 의미상의 주어가 있으며, 목적어 또는 보어를 취하며, 또한 부사의 수식을 받는 것을 의미한다.

* 동명사의 의미상 주어는 '3. 동명사의 주어, 시제 및 부정'에서 다룬다.

a) 동명사의 목적어

동명사는 동사처럼 목적어를 취할 수 있다.

The girl enjoys playing the piano. 그 소녀는 피아노 치는 것을 즐긴다. **The boy enjoys playing video games.** 그 소년은 컴퓨터 게임 하는 것을 즐긴다. **He is in charge of hiring temporary staff.** 그는 임시 직원을 고용하는 일을 맡고 있다.	* play the piano (동사 + 목적어) → playing the piano (동명사 + 목적어) * in charge of …을 맡아서 hire 고용하다 temporary 임시의

b) 동명사의 보어

be 또는 become과 같은 불완전 자동사가 동명사로 사용될 때 보어를 취한다.

I hate being hungry. 나는 배고픈 것을 싫어한다. **He is proud of being a firefighter.** 그는 소방관인 것을 자랑스럽게 여긴다. **Her dream of becoming a web designer came true.** 웹 디자이너가 되겠다는 그녀의 꿈이 실현되었다.	* I am hungry (주어 + 동사 + 보어) → being hungry (동명사 + 보어) * firefighter 소방수, 소방관 * come true 실현되다, 이루어지다

c) 부사의 수식을 받는 동명사

동명사는 부사의 수식을 받을 수 있다.

You can save fuel by driving slowly. 운전을 천천히 하면 연료를 절약할 수 있다. **Eating fast can cause several health problems.** 음식을 빨리 먹으면 여러 가지 건강 문제를 일으킬 수 있다. **Working hard alone doesn't guarantee your success.** 열심히 하는 것만으로 성공을 보장하지는 않는다.	* drive slowly (동사 + 부사) → driving slowly (동명사 + 부사) **fuel**

2. 동명사의 명사적 기능

동명사는 문장의 주어, 보어, 목적어, 그리고 전치사의 목적어가 될 수 있다.

a) 주어

Dancing makes her happy. 춤추는 것은 그녀를 행복하게 한다. **Running improves your health.** 달리기는 건강을 증진시킨다. **Writing short stories is his favorite.** 단편 소설을 쓰는 것이 그의 취미이다. **Using a computer saves a lot of time.** 컴퓨터를 사용하면 시간이 많이 절약된다.	 **running**

b) 보어

Seeing is believing.
보는 것이 믿는 것이다. (속담)

My favorite is reading detective stories.
나의 취미는 탐정 소설을 읽는 것이다.

His plan this summer is traveling to Europe.
그의 이번 여름 계획은 유럽으로 여행하는 것이다.

What we need to do now is staying calm.
지금 우리에게 필요한 것은 침착함을 유지하는 것이다.

detective
* stay calm 침착함을 유지하다

c) 목적어

I like climbing.
나는 등산을 좋아한다.

He considers moving abroad.
그는 외국으로 이주하는 것을 고려한다.

She practices swimming every weekend.
그녀는 매 주말 수영 연습을 한다.

You should avoid eating fatty foods.
당신은 기름진 음식 먹는 것을 피해야 합니다.

climbing
* fatty food 기름진 음식

d) 전치사의 목적어

She is good at dancing.
그녀는 춤을 잘 춘다.

He apologized to me for being rude.
그는 무례했던 것에 대해 내게 사과했다.

We are looking forward to seeing you soon.
우리는 곧 당신을 만날 것을 기대하고 있습니다.

* be good at …에 능숙하다

* look forward to 기대하다, 기다리다

 Build up your vocabulary

detect 알아내다, 감지하다, 발견하다 | detective 형사, 수사관 | detector 탐지기 | detectable 탐지할 수 있는 | apologize 사과하다, 양해를 구하다 | apology 사과, 변명

3. 동명사의 주어, 시제 및 부정

동명사는 동사의 기능을 하므로 의미상의 주어를 가질 수 있고, 시제를 나타낼 수 있으며, 또한 부정 표현을 할 수 있다.

a) 동명사의 의미상의 주어

동명사의 의미상의 주어는 동명사 앞에 소유격 또는 목적격으로 나타낸다.

He is proud of being a soldier. 그는 군인임을 자랑스럽게 여긴다. **He is proud of his son's being a soldier.** 그는 그의 아들이 군인임을 자랑스럽게 여긴다. **My father insisted on me joining the debating club.** 아버지는 내가 토론 클럽에 가입해야 한다고 주장하셨다. **I hate the weather becoming stifling hot.** 나는 날씨가 숨이 막힐 듯이 더워지는 것이 싫다.	* 주문장의 주어와 동명사의 주어가 동일한 경우. * 동명사 구 being a soldier의 주어는 his son. * 의미상의 주어는 me 또는 my로 표현함. * stifling 숨이 막힐 듯한

b) 동명사의 시제

i) 단순 동명사는 '동사 원형 + ing'의 형태로 주문장의 시제와 동일하거나 미래를 나타낼 때 사용한다.

ii) 완료 동명사는 'having + pp'의 형태로 주문장의 시제가 현재이면 완료 동명사의 시제는 과거이고, 주문장의 시제가 과거이면 완료 동명사의 시제는 과거완료가 된다.

She is ashamed of making mistakes. 그녀는 실수하는 것을 창피하게 여긴다. **He was accused of taking bribes.** 그는 뇌물을 받아서 기소되었다. **I look forward to visiting Tokyo next month.** 나는 다음 달 도쿄를 방문할 것을 기대하고 있다. **She is ashamed of having made mistakes.** 그녀는 과거에 저지른 실수를 창피하게 여긴다. **He was accused of having taken bribes.** 그는 과거에 뇌물을 받은 것으로 기소되었다.	* 단순 동명사로 창피한 시점과 실수를 한 시점이 동일하다. * 다음 달의 방문이므로 미래 시점을 나타낸다. * 완료 동명사로 과거에 저지른 실수를 지금 창피하게 여긴다는 의미이다.

c) 동명사의 부정

동명사의 부정형은 동명사 앞에 not 또는 never를 붙여서 표현한다.

Not smoking is good for your health. 담배를 피우지 않는 것이 건강에 좋다. **I regret not asking for advice from her.** 나는 그녀에게 조언을 구하지 않은 것을 후회한다. **Her rule is never drinking coffee after 8 p.m.** 그녀의 규칙은 오후 8 시 이후 커피를 마시지 않는 것이다. **He apologized for not finishing his report on time.** 그는 리포트를 제시간에 마치지 못한 것에 대해 사과했다.	* ask for advice 조언을 구하다 * apologize for …에 대해 사과하다

4. 동명사와 부정사

대부분의 동사는 동명사와 부정사를 모두 사용할 수 있다. 그러나 일부 동사들은 부정사 만을 취하거나 또는 동명사만을 취한다.

a) 동명사를 사용하는 동사

동명사를 목적어로 취하는 동사는 다음과 같다:
admit enjoy finish mind

Tom enjoys talking about football. 톰은 축구에 관해 이야기하는 것을 좋아한다. **Jane finished reading the book this morning.** 제인은 오늘 아침에 그 책을 다 읽었다. **Do you mind opening the window?** 창문을 열어도 괜찮을까요? **The senate admitted taking part in the election fraud.** 그 상원의원은 부정선거에 가담했음을 인정했다.	* senate 상원의원 take part in …에 참여하다 election fraud 부정 선거

b) 부정사를 사용하는 동사

부정사를 목적어로 취하는 동사는 다음과 같다:
agree want hope plan decide expect refuse

I agreed to join his team. 나는 그의 팀에 가입하기로 동의했다.	* join 가입하다
We plan to go fishing tomorrow. 우리는 내일 낚시하러 갈 계획이다.	
He decided to make a deal with us. 그는 우리와 거래하기로 결정했다.	* make a deal with … 와 거래하다, 타협하다
We expect to arrive at JFK airport at 9 p.m. 우리는 오후 9 시에 케네디 공항에 도착할 예정이다.	
The enemy refused to surrender. 적군은 투항을 거부했다.	*surrender 항복하다, 굴복하다

c) 목적어가 동명사일 때와 부정사일 때 의미가 달라지는 동사

다음 동사들은 목적어로 동명사를 취할 때와 부정사를 취할 때 서로 의미가 달라진다: forget   remember   regret   try

i) forget

He forgot meeting her a few months ago. 그는 몇 개월 전에 그녀를 만났던 것을 잊었다. (만났다)	* forget …ing …했던 것을 잊다
He forgot to lock the safe. 그는 금고를 잠그는 것을 잊었다. (잠그지 않았다)	* forget to …하는 것을 잊다

ii) remember

I remember reading this book before. 나는 이 책을 전에 읽었던 것을 기억한다.	* remember …ing 했던 것을 기억하다
Please remember to bring your umbrella. 우산을 가져오는 것을 기억하세요.	* remember to …할 것을 기억하다

 Build up your vocabulary

arrive 도착하다 | **arrival** 도착 | **refuse** 거절하다 | **refusal** 거절 |
safe adj 안전한 n 금고 | **safety** 안전

iii) regret

I regret telling him the truth. 나는 그에게 사실을 말한 것을 후회한다. **We regret to inform you that there are no vacancies.** 애석하게도 빈 방이 없습니다.	* regret …ing …한 것을 후회하다 * regret to … 애석하게도 …하다

iv) try

He tried pressing the start button again. 그는 (시험 삼아) 시작 버튼을 다시 눌러보았다. **I tried to look at the issue from your point of view.** 나는 그 문제를 당신의 관점에서 바라보려고 노력했습니다.	* try … ing 시험삼아 …해보다 * try to …하려고 노력하다

주의) stop

My uncle stopped smoking last year. 삼촌은 작년에 담배를 끊었다. **We stopped to fill the tank at the service station.** 우리는 연료를 채우기 위해 주유소에서 멈추었다.	* stop … ing …하는 것을 멈추다 * stop to …하기 위해 멈추다 (이때 to부정사는 stop의 목적어가 아니라 '~하기 위해'라는 의미의 부사적 용법으로 쓰인 것임) * service station 휴게소, 주유소 (petrol station)

 Build up your vocabulary

inform 알리다, 통지하다 | **information** 정보 | **informative** 유용한, 교육적인, 유용한 정보를 주는 | **vacancy** 빈자리, 결원 | **vacant** 빈, 공허한

Check-up Test 13

1 - 5. 보기에 주어진 동사의 동명사형을 사용하여 문장을 완성하세요.

| cry   go   play   arrive   learn |

1. The baby kept on _____.

2. Maria is good at _____ the violin.

3. I am interested in _____ Japanese.

4. The boy is afraid of _____ up to high places.

5. He rented a car after _____ at the airport.

6 - 10. 보기에 주어진 동사의 부정사 또는 동명사형을 사용하여 문장을 완성하세요.

| see   fish   commit   continue   study |

6. I hope _____ you again soon.

7. We have agreed _____ the project.

8. The old man enjoys _____ with his grandson.

9. The suspect admitted _____ the crime.

10. She wants _____ art in France.

11 - 15. 보기에 주어진 동사의 부정사 또는 동명사형을 사용하여 문장을 완성하세요.

| get   sign   leave   paint   postpone |

11. We finished _____ the wall.

12. He refused _____ the contract.

13. Would you mind _____ the door open?

14. They decided _____ the meeting.

15. I never expected him _____ through to the finals.

16 - 20. 두 문장이 동일한 의미가 되도록 문장을 완성하세요.

16. It is difficult to find a good friend.

_____ is difficult.

17. I am sure that he will come on time.

I am sure of _____.

18. It is useless to try to reason with him.

It is of no use _____ with him.

19. I don't want to meet anyone today.

I don't feel like _____ today.

20. Our flight couldn't take off because of heavy snow.

Heavy snow kept our flight from _____.

21 - 25. ( ) 안의 단어를 어법에 맞게 고쳐 쓰고, 우리말로 해석하세요.

21. We stopped (fix) a flat tire.

_____

22. I remember (have / meet) her somewhere before.

_____

23. Since I forget (bring) an umbrella, I need to buy one.

_____

24. If we do not try (defend) ourselves, no one can help us.

_____

25. Mike regrets (have / neglect) his studies in his school days.

_____

Chapter 14

분사

분사는 동사에서 파생된 단어로 동사의 성질과 형용사의 성질을 동시에 갖는다. 즉, 동사의 의미를 전용해서 형용사처럼 표현하기 위해 분사가 사용된다.

1. 분사의 종류와 역할

분사에는 현재 분사와 과거 분사의 두 종류가 있으며, 명사를 수식하는 형용사 역할을 한다.

a) 현재 분사

현재 분사는 '동사 + ing'의 형태를 취하며, 능동 및 진행형의 의미를 나타낸다.

It is a surprising news. 그것은 놀라운 뉴스이다.	* surprising은 news를 수식 하는 형용사 역할.
It was amusing to talk with her. 그녀와 대화하는 것은 즐거웠다.	* amusing은 보어로 사용된 형 용사 역할.
I was walking along the street. 나는 거리를 걷고 있었다.	* be …ing 진행형 문장.
I smelt something burning in the kitchen. 나는 부엌에서 무엇인가 타는 냄새를 맡았다.	* burning 목적격 보어로 사용 된 형용사

b) 과거 분사

과거 분사는 '동사 + ed' 또는 불규칙 과거 분사의 형태를 취하며, 수동 및 완료의 의미를 나타내며 수동태와 완료형 문장을 만들기 위해 사용된다.

I should fix the broken chair. 나는 부서진 의자를 고쳐야 한다.	* broken은 chair를 수식함. 과 거 분사이므로 수동의 의미.
The children are excited about the picnic. 아이들은 소풍 때문에 신이 났다.	* exited는 문장의 보어 역할.
She has lost her wallet in the subway. 그녀는 지하철에서 지갑을 잃어버렸다.	* have + pp 완료형 문장

| The work should be completed in a week.
그 일은 일주일 안에 끝내야 한다. | * be + pp 수동형 문장 |

2. 현재 분사와 동명사의 구분

현재 분사와 동명사는 둘 다 '동사 원형 + ing'의 형태를 취하기 때문에 외관상의 모양은 동일하다. 그러나 동명사는 명사의 기능을 하고 현재 분사는 형용사의 기능을 한다.

a) 동명사

동명사의 주 기능은 명사의 역할이다. 그러므로 문장에서 주어, 보어, 또는 목적어의 역할을 한다.

| Climbing is a dangerous activity.
등산은 위험한 활동이다.

I like traveling to other countries.
나는 외국으로 여행가는 것을 좋아한다.

He left the place without saying a word.
그는 아무런 말도 없이 그 장소를 떠났다.

A few people were sitting in the waiting room.
대기실에는 몇몇 사람들이 앉아 있었다. | * climbing은 주어

* traveling은 like의 목적어
* saying a word는 전치사 without의 목적어
* sitting 현재 분사 waiting 동명사
a waiting room = a room for waiting. |

b) 현재 분사

분사는 형용사의 성격이 강하다. 따라서 명사를 수식하거나 주어나 목적어를 설명하는 보어로 사용된다.

| The water in the kettle is boiling.
주전자에 든 물이 끓고 있다.

I heard birds singing in the forest.
나는 숲에서 새들이 노래하는 것을 들었다.

The gust was a sign of an approaching storm.
그 강풍은 다가오는 태풍의 전조였다.

While walking through the park, I met Jessica.
공원을 걷다가, 나는 제시카를 만났다. | *진행형에 사용된 현재 분사

* approaching은 storm을 수식하는 형용사 역할

* 분사 구문 |

* 혼돈하기 쉬운 표현들

동명사	현재 분사
drinking water = water for drinking sleeping bag = a bag for sleeping parking lot = a place for parking	boiling water = water which is boiling sleeping baby = a baby who is sleeping howling wolf = a wolf who is howling (울부짖는 늑대)

3. 일반 형용사처럼 사용되는 분사

다음은 일반 형용사처럼 빈번하게 사용되는 분사들이다.

a) 현재 분사

boring 재미없는, 지루한	interesting 재미있는, 흥미로운	frightening 무서운	alarming 두려운, 걱정스러운
confusing 혼란을 일으키는	exciting 신나는, 흥미진진한	surprising 놀라운	thrilling 흥분되는, 떨리는
shocking 충격적인	exhausting 진을 빼는	amusing 재미있는, 즐거운	relaxing 편안한, 긴장을 풀어주는

b) 과거 분사

bored 지루함을 느끼는	interested 관심이 있는	frightened 겁먹은, 무서워하는	alarmed 불안해하는, 두려워하는
confused 혼란스러운	excited 들뜬, 신이 난	surprised 놀란	thrilled 흥분한
shocked 충격을 받은	exhausted 기진맥진한, 고갈된	amused 재미있어 하는	relaxed 느긋한, 여유 있는

c) 현재 분사와 과거 분사의 예문 비교

현재분사와 과거 분사가 실제 문장에서 어떻게 사용되며 또 어떤 차이가 있는지 알아보자.

The concert was boring. 그 콘서트는 지루했다.	**The audience looked bored.** 청중들은 지루해 보였다.
That's an interesting idea. 그것은 흥미로운 아이디어이다.	**He is interested in politics.** 그는 정치에 관심이 있다.
The result was shocking. 결과는 충격적이었다.	**We were all shocked by the result.** 우리는 모두 그 결과에 의해 충격을 받았다.
It was a very exhausting trip. 그것은 매우 힘든 여행이었다.	**I was exhausted from the trip.** 나는 여행으로 녹초가 되었다.

4. 분사 구문

분사 구문은 부사절을 접속사와 주어를 생략하여 부사구로 만든 구문이다. 분사 구문을 사용하는 목적은 한 문장에서 두 가지의 동작을 동시에 표현하기 위해서이다.

a) 일반적으로 분사구문은 시간, 이유, 원인, 조건, 양보, 또는 부대상황을 나타내며, 이때 생략되는 접속사는 when, if, because, after, 그리고 although 등이다.

Because he was very tired, he went to sleep.
Being very tired, he went to sleep.
매우 피곤했으므로, 그는 자러 갔다.

When I was walking along the street, I met an old friend of mine.
Walking along the street, I met an old friend of mine.
길을 걷다가, 나는 옛 친구를 만났다.

If you go up to the top of the mountain, you can see the whole area of the city.
Going up to the top of the mountain, you can see the whole area of the city.
산의 정상에 올라 가면, 도시 전체를 볼 수 있을 것이다.

After he graduated from university, he started working for Microsoft.
Graduating from university, he started working for Microsoft.
대학을 졸업한 후, 그는 마이크로소프트사에서 일을 시작했다.

b) 분사구문의 being 또는 having been은 생략할 수 있다.

Although he was exhausted, he kept working hard.
Being exhausted, he kept working hard. / Exhausted, he kept working hard.
피곤했지만, 그는 계속 열심히 일했다.

When she was left alone, Jessica began to feel lonely.
Being left alone, Jessica began to feel lonely.
Left alone, Jessica began to feel lonely.
혼자 남겨지자, 제시카는 외로움을 느끼기 시작했다.

As I have been deceived by him several times, I don't trust Jack anymore.
Having been deceived by him several times, I don't trust Jack anymore.
Deceived by him several times, I don't trust Jack anymore.
그에게 여러 번 속았기 때문에, 나는 더 이상 잭을 신뢰하지 않는다.

c) 분사 구문의 주어는 생략하는 것을 원칙으로 하지만 주절과 종속절의 주어가 서로 다를 때에는 생략하지 않는다.

Since the weather was so cold, we decided to stay home.
The weather being so cold, we decided to stay home.
날씨가 너무 추워서, 우리는 집에 있기로 결정했다.

As it was warm and sunny, I decided to go out for a walk.
It being warm and sunny, I decided to go out for a walk.
날씨가 따뜻하고 맑아서, 나는 산책을 하기로 했다.

 Build up your vocabulary

graduate Ⓥ 졸업하다 Ⓝ 졸업생 | **graduation** 졸업 | **exhaust** 지치다, 고갈시키다 | **exhausted** 탈진한, 기진맥진한 | **exhaustion** 탈진, 고갈, 소진

Check-up Test 14

1 - 5. 보기의 주어진 동사의 현재 분사형을 이용해서 구를 완성하세요.

| bark   disappoint   depress   set   wait |

1. _____ sun

2. _____ dogs

3. _____ people

4. _____ weather

5. _____ result

6 - 10. 보기의 주어진 동사의 과거 분사형 이용해서 구를 완성하세요.

| break   fall   forget   lose   shock |

6. _____ wallet

7. _____ leaves

8. _____ heart

9. _____ audience

10. _____ memory

11 - 15. ( ) 안에서 알맞은 말을 고르세요.

11. The story was (exciting / excited).

12. The window was (breaking / broken).

13. I saw her (writing / written) a letter.

14. We were all (pleasing / pleased) at the news.

15. We were (looking / looked) at the bulletin board.

Part 5 부정사, 동명사, 분사

16 - 20. ( ) 안에서 알맞은 말을 고르세요.

16. I was (confusing / confused) by her (confusing / confused) story.

17. Because the film was (boring / bored), we were all (boring / bored).

18. The journey was (exhausting / exhausted), so they were (exhausting / exhausted).

19. The boys were (exciting / excited) when they heard the (exciting / excited) story.

20. His (embarrassing / embarrassed) behavior made me (embarrassing / embarrassed).

21 - 26. 다음 문장을 분사구문으로 전환하세요.

21. When I come home, I will talk to him.

_____

22. After he finished his work, John left the office.

_____

23. As I have a lot of work to do today, I cannot attend the party.

_____

24. While we were sitting on the sofa, we watched the football game.

_____

25. If the weather is cloudy tomorrow, we will stay at home.

_____

Part 6

전치사, 접속사, 관계사

Chapter 15

전치사

전치사는 명사 앞에 위치하여 시간, 장소, 위치 또는 방향을 나타내는 말이다. 명사 대신 대명사나 동명사가 올 수도 있다.

1. 시간을 나타내는 전치사

a) at

몇 시 몇 분과 같이 정확한 시간이나 구체적인 시간을 나타낼 때 at을 사용한다.

I will be back at 5 o'clock. 나는 5 시에 돌아올 것이다. **The flight will take off at 9 o'clock sharp.** 비행기는 오후 9 시 정각에 이륙할 것이다. **The subway stops running at midnight.** 지하철은 자정에 운행을 멈춘다. **We will have a short break at noon.** 우리는 정오에 잠시 휴식을 취할 것이다.	* 이 외에도 at이 사용되는 표현에는 at night, at that time, at the moment (지금) 등이 있다.

* morning, afternoon, evening에는 관용적으로 in이 사용된다: in the morning, in the afternoon, in the evening. 그러나 noon과 night은 at을 사용한다: at noon, at night.

b) on

날짜나 요일 또는 구체적인 날을 표현할 때 on을 사용한다.

Paul was born on November 12, 2005. 폴은 2005 년 11 월 12일 태어났다. **We will arrive in Washington on Saturday.** 우리는 토요일 워싱턴에 도착할 것이다. **Many people go to church on Christmas day.** 많은 사람들이 크리스마스 날 교회에 간다.	* on Easter day, on one's graduation day 등 특정한 날이나 구체적인 날에는 모두 전치사 on을 사용한다.

c) in

월, 년, 또는 계절 등 비교적 긴 기간을 나타내는 표현에 in을 사용한다.

Mozart was born in 1756. 모짜르트는 1756년에 태어났다. **He met her on a snowy day in December.** 그는 12월 눈이 내리던 날에 그녀를 만났다. **The beach resort is popular with tourists in summer.** 그 해변 휴양지는 여름에 관광객들에게 인기가 있다.	* beach resort 해변 휴양지 be popular with …에게 인기가 있다

d) 전치사를 쓰지 않는 시간 표현

시간 앞에 last, this, next, every, later 등의 표현이 있을 때는 전치사를 쓰지 않는다.

I was in Spain last month. 나는 지난 달에는 스페인에 있었다. **The bill will come into effect this Wednesday.** 그 법안은 이번 수요일 효력을 발생한다. **He used to go surfing every weekend.** 그는 주말에는 서핑을 하러 가곤 했다. **They came back three days later.** 그들은 3일 후에 돌아왔다.	* come into effect 효력이 발생하다 * surfing 서핑, 파도타기

e) 기간을 나타내는 전치사

기간은 since, until, by, for, during 등으로 표현한다.

It has been raining since yesterday. 어제부터 비가 내리고 있다. **We have to wait until tomorrow morning.** 우리는 내일 아침까지 기다려야 한다. **I am going to finish the report by tomorrow.** 나는 내일까지 보고서를 끝내려고 한다. **Turtles hibernate during the winter.** 거북은 겨울 동안 동면을 한다.	* until은 언급된 시간까지 행동이나 상태가 지속되어야 한다는 뜻이고, by는 언급된 시간 전이면 언제든 괜찮다는 의미이다. * hibernate 동면하다, 겨울잠을 자다

2. 장소 및 위치를 나타내는 전치사

a) at, in, on

at은 좁은 장소, in은 넓은 장소를 나타낸다. in은 안 또는 내부에, on은 표면에 있음을 나타낸다.

He will be back at the office by three o'clock. 그는 3 시에 사무실로 돌아올 것이다. **There are lots of tourist attractions in the city.** 이 도시에는 많은 관광 명소들이 있다. **I found some old photos in the box.** 나는 상자 안에서 몇 장의 오래된 사진을 발견했다. **He was sitting on the sofa with his legs crossed.** 그는 다리를 꼬고 소파에 앉아 있었다. **I saw a little bird perching on the fence this morning.** 나는 오늘 아침 담장 위에 새가 앉아 있는 것을 보았다.	* tourist attrac- tion 관광 명소 * with one's legs crossed 다리를 꼬고, 책상 다리를 하고 * perch 앉아 있다, 걸 터앉다

b) over, above

위에 있음을 나타낸다. over는 대상이 서로 붙어 있거나 가까이 있을 때, above는 멀리 떨어져 있을 때 사용한다.

He climbed over the wall. 그는 담을 넘었다. **A girl is jumping over the fence.** 한 소녀가 담장을 뛰어 넘고 있다. **A helicopter is flying over the lake.** 헬리콥터 한 대가 호수 위를 날고 있다. **Our plane is flying above the clouds.** 우리가 탄 비행기는 구름 위를 날고 있다. **Mount Everest is 8,848 meters above sea level.** 에베레스트 산은 해발 8,848 미터이다.	 **jump over the fence**

c) under, below

'아래'를 의미한다. 서로 의미의 차이 없이 쓰이기도 하지만 below는 under 보다 훨씬 더 아래에 있는 경우에 사용한다.

I found my purse under the sofa. 나는 지갑을 소파 아래서 찾았다. **The child hid himself under the table.** 그 아이는 테이블 아래로 몸을 숨겼다. **The sun was setting below the horizon.** 태양이 지평선 아래로 지고 있었다. **A crocodile was lurking below the surface of the water.** 악어 한 마리가 수면 아래 숨어 있다.	* horizon 지평선, 수평선  **crocodile** * lurk 숨어있다, 도사리다

d) near, by

가까운 거리에 있을 때 near와 by를 사용한다. by는 near보다 더 가까운 즉, very near의 뜻으로 사용된다.

We will camp near the river. 우리는 강 근처에서 야영을 할 것이다. **He lives near the train station.** 그는 기차역 근처에서 산다. **Is there any convenience store near here?** 근처에 편의점이 있나요? **A group of young people were sitting by the lake.** 한 무리의 청년들이 호숫가에 앉아있었다. **I spent my summer holiday in a cottage by the beach.** 나는 여름 휴가를 바닷가의 시골 오두막에서 보냈다.	* camp 야영하다 * convenience store 편의점  **cottage** * cottage 시골집, 오두막

 Build up your vocabulary

convenience store 편의점 | **convenient** 편리한, 간편한 | **inconvenient** 불편한

e) between, among, from ··· to ···

'··· 사이에서'라는 뜻을 나타낸다. between은 둘 사이, among은 셋 이상인 경우에 사용할 수 있다.

from ··· to ··· 는 '··· 에서 ··· 까지'를 의미한다. 이 표현들은 시간, 거리, 상황에 모두 사용할 수 있다.

I tied a hammock between two trees. 나는 두 나무 사이에 해먹을 매달았다. **John has a good reputation among his friends.** 존은 친구들 사이에서 평판이 좋다. **New York is among the largest cities in the world.** 뉴욕은 세계에서 가장 큰 도시들 중에 속한다. **He works in his office from Monday to Friday.** 그는 월요일에서 금요일까지 자신의 사무실에서 일한다. **It takes about two hours from Seoul to Tokyo by plane.** 서울에서 도쿄까지는 비행기로 약 2 시간 걸린다.	 **hammock**

3. 방향을 나타내는 전치사

a) into, onto

into는 '안으로,' onto는 '위로' 또는 '위에'의 뜻이며 방향을 나타낸다.

James walked into the yard. 제임스는 마당으로 걸어 들어 갔다. **This river flows into the Atlantic.** 이 강은 대서양으로 흐른다. **The boy climbed onto the roof.** 소년은 지붕 위로 올라갔다. **A man suddenly jumped onto the stage.** 한 남자가 갑자기 무대 위로 뛰어올라왔다.	* yard 뜰, 마당 * the Atlantic 대서양

b) to, toward

to는 목적지를 나타내고, toward는 방향을 나타낸다.

We are going to Hawaii next week. 우리는 다음주 하와이로 갈 것이다. **I usually go to the gym twice a week.** 나는 대개 일주일에 두 번 체육관에 간다. **He went on a business trip to Hongkong.** 그는 홍콩으로 업무상의 여행을 갔다. **She turned her face toward me.** 그녀는 나를 향해 고개를 돌렸다. **A flock of birds is flying toward the south.** 한 떼의 새들이 남쪽을 향해 날고 있다.	*a flock of birds 한 떼의 새 * a flock of birds는 단수 또는 복수 취급을 할 수 있다.

c) along, across, through

경로와 방향을 나타내는 전치사이다. along은 어떤 대상을 따라서 움직이거나 나란히 갈 때 사용한다. across는 평면적인 공간을 가로지를 때, through는 입체적인 공간을 통과할 때 사용할 수 있다. 즉 through는 관통한다는 의미를 갖고 있다.

Part 6 전치사, 접속사, 관계사

We were walking along the river. 우리는 강을 따라 걷고 있었다. **There is a grocery store just across the street.** 길 바로 건너 식료품점이 있다. **A stream runs down through the valley.** 개울이 계곡 사이를 흐른다. **He got into the house through the window.** 그는 창문을 통해 집 안으로 들어 갔다. **After following a path through the woods, I found a cottage.** 숲 속으로 난 오솔길을 따라간 후, 나는 오두막을 한 채 발견했다.	* grocery store 식료품점 * valley 계곡  **stream** * woods 숲 * cottage 작은 시골집, 오두막

 Build up your vocabulary

reputation 명성, 평판 | **repute** 평하다, 간주하다 | **reputable** 평판이 좋은, 훌륭한 | **gym (=gymnasium)** 체육관 | **gymnastic** 체조, 훈련

4. 전치사의 부사 역할

일부 전치사들은 문장 내에서 부사 역할을 할 수도 있다.

---

down
He ran down the stairs. (전치사)
그는 계단을 뛰어내려 왔다.

Please calm down and listen to me. (부사)
진정하고 내 말에 귀를 기울이세요.

run down

around
I am looking for a café around here. (전치사)
나는 이 근처의 카페를 찾고 있다.

Being lost, he kept driving around in circles. (부사)
길을 잃어서, 그는 계속해서 빙빙 돌며 운전하고 있었다.

behind
The boy was hiding behind the curtain. (전치사)
그 소년은 커튼 뒤에 숨어 있었다.

I left my laptop behind in the subway. (부사)
나는 노트북을 지하철에 두고 내렸다.

* leave behind 두고 가다, 잊고 가다

below
The temperature dropped below the freezing point. (전치사)
온도가 영하로 떨어졌다.

You will find more information below. (부사)
더 많은 정보를 아래서 찾을 수 있습니다.

* freezing point 빙점, 어는 점

out
He was walking out of the building. (전치사)
그는 건물을 걸어 나왔다.

I will figure out how much it will cost. (부사)
비용이 얼마나 드는지 계산해 보겠습니다.

* figure out 알아 내다, 이해하다

---

5. 자주 쓰이는 전치사구

다음은 자주 사용되는 유용한 전치사 구들이다. 예문과 함께 이해할 수 있게 학습해보자.

according to …에 의하면	along with …와 함께	apart from …을 제외하고	by means of …에 의하여
by virtue of …의 덕분에	by way of …을 거쳐 (경유해서)	due to … 때문에	except for …이 없다면, …을 제외하고는
for the sake of …을 위해서	in addition to …에 더해서	in case of …의 경우에	in favor of …에 찬성하여
in front of … 앞에	in search of …을 찾아서	in spite of (despite) …에도 불구하고	instead of … 대신에

According to the weather forecast, it will rain tonight.
일기예보에 의하면, 오늘밤 비가 온다고 한다.

She wore a white dress along with a pearl necklace.
그녀는 진주 목걸이와 함께 흰색 드레스를 입었다.

He went to Denmark by way of Holland.
그는 네덜란드를 경유해서 덴마크로 갔다.

The plane couldn't take off due to the heavy snow.
폭설 때문에 비행기가 이륙하지 못했다.

Everyone arrived on time, except for Daniel.
다니엘을 제외하고 모두 제시간에 도착했다.

Most members voted in favor of his proposal.
회원 대부분이 그의 제안에 찬성표를 던졌다.

In spite of the heavy rain, he went out.
폭우가 왔음에도 불구하고 그는 외출했다.

* weather fore-cast 일기예보

* pearl 진주

take off

Part 6

전치사, 접속사, 관계사

Check-up Test 15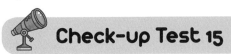

1 - 5. 알맞은 전치사를 보기에서 골라 문장을 완성하세요.

> at   by   in   on   until

1. His contract ends _____ July.

2. I am ready to start _____ any time.

3. The meeting will be held _____ Friday.

4. Everything will be ready _____ tomorrow morning.

5. The shop will not be open _____ next Wednesday.

6 - 10. 알맞은 전치사를 보기에서 골라 문장을 완성하세요.

> at   in   on   to   under

6. He moved _____ London last year.

7. I met my uncle by chance _____ the airport.

8. A large painting was hanging _____ the wall.

9. I found something glittering _____ the table.

10. He always keeps a handkerchief _____ his pocket.

11 - 15. 알맞은 전치사를 보기에서 골라 문장을 완성하세요.

> across   between   over   through   toward

11. There is a bridge _____ the river.

12. We found a narrow path _____ the forest.

13. A herd of cattle was moving _____ the river.

14. The river forms a border _____ the two countries.

15. He plans to travel _____ Europe by bicycle this summer.

16 - 20. 알맞은 전치사를 보기에서 골라 문장을 완성하세요.

| around   behind   below   down   out |

16. It was five degrees _____ zero last night.

17. It will take a week to look _____ the whole city.

18. I am sorry, but I have to turn _____ your proposal.

19. On average, I eat _____ at a restaurant three times a week.

20. We arrived at our destination three hours _____ schedule.

21 - 25. 알맞은 전치사를 보기에서 골라 문장을 완성하세요.

| along with   apart from   due to   in addition to   in spite of |

21. He decided to go _____ her.

22. The football finals continued _____ the heavy rain.

23. _____ spelling mistakes, his writing lacks imagination.

24. The ferry service will be closed for a week _____ the storm.

25. _____ a fitness center, they will build a swimming pool.

접속사

접속사는 단어와 단어, 구와 구, 또는 절과 절을 연결시키는 단어를 말한다. 접속사의 종류에는 구나 절을 서로 동일한 관계로 연결시키는 등위 접속사와 주종 관계로 연결시키는 종속 접속사가 있다. 그리고 둘 이상의 단어나 구가 서로 짝을 이루는 상관 접속사가 있다.

1. 등위 접속사

등위 접속사는 단어, 구, 또는 절 등 문법적으로 같은 성분을 동등한 관계로 연결시킨다. 등위 접속사에는 and, but, yet, so, or, nor가 있다.

Joe and Mike have a lot in common. 조와 마이크는 공통점이 많다. **I want to go home and take some rest.** 나는 집에 가서 휴식을 취하고 싶다.	* have something in common 공통점을 지니다
Tom was tired, but he couldn't fall asleep. 톰은 피곤했지만 잠들 수가 없었다. **I tried to lift the box but found it too heavy.** 나는 그 상자를 들려고 했지만 너무 무겁다는 것을 알게 되었다.	* fall asleep 잠들다
My grandfather is seventy-five, yet he still jogs every morning. 우리 할아버지는 75세이시지만 여전히 아침마다 조깅을 하신다.	
John was very hungry, so he ate all the pizza. 존은 배가 고팠다, 그래서 피자를 전부 먹었다.	
It will take two or three days to finish the work. 그 일을 끝내기 위해서는 2 일이나 3 일이 걸릴 것이다.	
Hurry up, or you will be late for the meeting. 서둘러. 그렇지 않으면 회의에 늦을 거야.	
He will not go to the party, nor will I. (He will not go to the party and I will not go to the party.) 그는 파티에 가지 않을 것이다, 나도 마찬가지이다.	

2. 종속 접속사

종속 접속사는 주절과 종속절을 연결시키는 역할을 한다. 종속 접속사는 종속절 앞에 위치하며, 원인, 이유, 시간, 조건, 또는 양보의 의미를 나타낸다.

a) 원인 및 이유

절과 절을 원인과 결과로 연결시키는 접속사이다. because, as, so that, since 등이 이에 속한다.

I have pains in my legs because I walked all day. 나는 하루 종일 걸었기 때문에 다리가 아팠다. **As he aged, his health was getting worse.** 나이가 들면서, 그의 건강이 점점 더 나빠졌다. **I poured milk into a plate so that my puppy can drink it.** 나는 강아지가 마실 수 있게 우유를 접시에 부었다. **Since they talked in French, I couldn't understand a word.** 그들은 불어로 이야기했으므로, 나는 한 마디도 이해할 수 없었다. **Because it was raining heavily, he took an umbrella with him.** 비가 많이 오고 있었으므로, 그는 우산을 가져갔다.	 **pour** * puppy 강아지

b) 시간

시간을 나타내는 접속사로, …할 때, …하는 동안, …하기 전 또는 후 등의 의미를 표현한다. 시간을 나타내는 접속사는 when, whenever, while, before, after, until (till) 등이 있다.

When I got home, I found I had lost my key. 집에 도착했을 때, 나는 열쇠를 잃어버린 것을 알았다. **You can come and see me whenever you like.** 네가 원할 때는 언제라도 나를 보러 와도 좋다. **Please keep an eye on my bag while I buy some drinks.** 음료를 사러 가는 동안 내 가방 좀 봐 주세요. **We have to arrive at our destination before it gets dark.** 우리는 날이 어둡기 전에 목적지에 도착해야 한다. **Jacob lived in a small village until he graduated high school.** 제이콥은 고등학교를 졸업할 때까지 작은 마을에서 살았다.	* keep an eye on …을 지켜보다, 감시하다

c) 조건

조건이나 가정을 나타내는 접속사이다. '만약 …한다면,' 또는 '…하는 경우' 등으로 해석된다.

조건을 나타내는 접속사는 if, in case, unless 등이 있다.

If it rains tomorrow, I will cancel the party. 만약 내일 비가 온다면, 나는 파티를 취소할 것이다. **You have to take this map with you in case you get lost.** 길을 잃는 경우에 대비하여 이 지도를 가져가야 한다. **I will give you my phone number in case you need my help.** 나의 도움이 필요한 경우에 대비하여 전화번호를 알려 주겠다.	* in case …한 경우, …에 대비하여
I can't finish the work on time unless you help me. 당신이 도와주지 않으면 나는 그 일을 제시간에 마칠 수 없다. **I can't help you unless you tell me what is going on.** 어떤 일이 일어나고 있는지 내게 말하지 않으면 당신을 도와줄 수가 없다.	* unless …이 아닌 한

d) 양보

양보 접속사는 '비록 … 이지만' 또는 '… 일지라도' 등의 의미를 나타내는 접속사를 말한다. although, even though, even if, whereas 등이 대표적인 양보 접속사이다.

Although his car is old, it still runs very well. 그의 차는 오래됐지만, 여전히 잘 달린다. **Even though she lives nearby, I can hardly see her.** 그녀는 근처에 살지만, 나는 그녀를 거의 보지 못한다. **Even if it rains tomorrow, I will go to the beach.** 내일 비가 오더라도, 나는 해변으로 갈 것이다.	* can hardly 거의 …할 수 없다
Some students work hard, whereas others do not. 어떤 학생들은 열심히 하는 반면, 어떤 학생들은 그렇지 않다. **Maggie enjoys an active life, whereas her sister prefers a quiet life.** 메기는 활동적인 생활을 즐기지만, 그녀의 동생은 조용한 생활을 선호한다.	* whereas …인데 비해, 이므로, 이지만 (두 가지 사실의 비교)

3. 상관 접속사

상관 접속사는 짝을 이루는 두 가지 사실 또는 사항을 대등하게 연결시키는 접속사를 의미한다.

both A and B (AB 둘 다)	either A or B (AB 둘 중 하나)	neither A nor B (A도 B도 아닌)	not only A but also B (A뿐 아니라 B도)
not A but B (A가 아니라 B인)	whether A or B (A이거나 B이거나)	A as well as B (B 뿐 아니라 A도)	no sooner … than (…하자 마자)

People speak both French and English in Canada.
캐나다에서 사람들은 불어와 영어를 말한다.

Either you or I have to make a speech.
당신과 나 중에서 한 사람이 연설을 해야 한다.

Neither Tom nor Jane can swim.
톰과 제인은 둘 다 수영을 하지 못한다.

He is not only an architect but also a businessman.
그는 건축가일 뿐 아니라 사업가이기도 하다.

He is not timid but very enthusiastic.
그는 소심한 것이 아니라 열정적이다.

It is up to you whether you accept the offer or not.
그 제안을 받아들이고 않고는 당신에게 달려있다.

The competition is open to teams as well as individuals.
그 시합은 개인이나 팀 모두에게 열려 있다.

No sooner had she arrived home than her phone rang.
그녀가 집에 도착하자 마자 전화벨이 울렸다.

make a speech

 Build up your vocabulary

architect 건축가, 설계자 | **architecture** 건축학, 건축양식 | **compete** 겨루다, 경쟁하다 | **competition** 경쟁 | **competent** 능숙한, 적임의

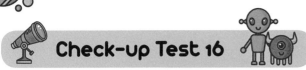

Check-up Test 16

1 - 5. 알맞은 접속사를 보기에서 골라 문장을 완성하세요.

| and   but   or   so   nor |

1. He tried hard _____ could not succeed.

2. Is it Tuesday _____ Wednesday today?

3. I don't know what he said, _____ do I want to.

4. Thomas _____ Maggie are playing table tennis.

5. He overslept this morning, _____ he was late for school.

6 - 10. 알맞은 접속사를 보기에서 골라 문장을 완성하세요.

| because   although   before   until   when |

6. She had lived in Paris _____ she was twelve.

7. The man ran away _____ he saw a policeman.

8. Don't forget to close the window _____ you leave.

9. John and his brother look alike, _____ they are not twins.

10. James was in the hospital for a month _____ he had a car accident.

11 - 15. 알맞은 접속사를 보기에서 골라 문장을 완성하세요.

| since   while   after   whenever   whereas |

11. I read a newspaper _____ I waited for the train.

12. Some people enjoy coffee, _____ others hate it.

13. He started his own business _____ he finished college.

14. Hellen reminded him of his mother _____ he met her.

15. I have not heard from Monica _____ she moved to New York.

16 - 20. 알맞은 접속사를 보기에서 골라 문장을 완성하세요.

| if   unless   even if   in case   whether |

16. _____ you hurry, you will get stuck in traffic.

17. _____ you take some rest, you will feel a lot better.

18. It doesn't matter to me _____ you believe it or not.

19. _____ you fail this time, you will have another chance.

20. We need to keep some cash _____ they don't accept credit cards.

21 - 25. 알맞은 접속사를 보기에서 골라 문장을 완성하세요.

| neither   not only   both   as well as   no sooner |

21. She is _____ intelligent but also very kind.

22. The store sells vegetables _____ canned food.

23. The mayor _____ confirmed nor denied the rumors.

24. _____ had she closed her eyes than she fell asleep.

25. Sound sleep will refresh you _____ mentally and physically.

관계 대명사

관계 대명사는 "접속사 + 대명사" 역할을 한다. 관계 대명사는 두 문장을 연결시키는 대명사로, 앞에 위치한 명사를 수식하는 역할을 한다. 관계 대명사절의 수식을 받은 명사를 선행사라고 한다.

1. 관계 대명사의 종류

관계 대명사는 선행사와 격에 따라 달라진다. 선행사가 사람이면 who, 사물이나 동물인 경우 which를 사용한다. 관계 대명사 that은 사람, 동물, 사물 모두에 사용할 수 있다.

선행사 / 격	주격	소유격	목적격
사람	who	whose	who / whom
사물, 동물	which	whose / of which	which
사람, 사물, 동물	that		that

a) 선행사가 사람이면 관계 대명사는 who를 사용한다.

I met a girl. She carried a large backpack on her back.
나는 한 소녀를 만났다. 그녀는 등에 큰 배낭을 메고 있었다.

I met a girl who carried a large backpack on her back.
나는 등에 큰 배낭을 메고 있는 한 소녀를 만났다.

Thomas Edison was an inventor. He discovered electricity.
토마스 에디슨은 발명가였다. 그는 전기를 발견했다.

Thomas Edison was an inventor who discovered electricity.
토마스 에디슨은 전기를 발견한 발명가였다.

backpack

b) 선행사가 사물 또는 동물일 때 관계 대명사는 which를 사용한다.

I bought a chocolate bar. It is my favorite snack. 나는 초콜릿 바를 샀다. 그것은 내가 좋아하는 간식이다. **I bought a chocolate bar which is my favorite snack.** 나는 내가 좋아하는 간식인 초콜릿 바를 샀다. **The Siberian Husky is a famous dog breed. It looks like a wolf.** 시베리안 허스키는 유명한 개 품종이다. 그것은 늑대를 닮았다. **The Siberian Husky is a famous dog breed which looks like a wolf.** 시베리안 허스키는 늑대를 닮은 유명한 개 품종이다.	*Siberian Husky 시베리안 허스키, 시베리아 원산의 썰매 끄는 개

c) 관계 대명사 that은 사람, 동물, 사물 모두에 사용할 수 있다.

He made a joke. It made everyone laugh. 그는 농담을 했다. 그것은 모든 사람들을 웃게 만들었다. **He made a joke that made everyone laugh.** 그는 모든 사람들을 웃게 만드는 농담을 했다. **I saw James and his dog. They were running down the street.** 나는 제임스와 그의 개를 보았다. 그들은 거리를 달리고 있었다. **I saw James and his dog that were running down the street.** 나는 거리를 달리고 있는 제임스와 그의 개를 보았다.	* make a joke 농담하다 * 선행사가 '사람 + 사물'이거나 또는 '사람 + 동물'일 때 관계 대명사는 that을 사용한다.

Part 6 전치사, 접속사, 관계사

 Build up your vocabulary

favorite 좋아하는, 인기 있는 | **favor** 호의, 친절 | **favorable** 호의적인, 유리한 |
breed Ⓥ 새끼를 낳다, 기르다, 사육하다 ⓝ 품종, 씨앗

d) 선행사가 다음과 같은 단어일 때는 관계 대명사는 주로 that을 사용한다.

i) thing으로 끝나는 단어: everything, anything, nothing, the thing

ii) 선행사가 the only, the very, the same, every, all의 수식을 받을 때

iii) 선행사가 서수이거나 최상급일 때: the first, the second, the most, the greatest

Is there anything that I can do for you? 내가 당신을 위해 할 수 있는 일이 있나요? **You will have the same problems that I had.** 당신은 내가 겪었던 것과 동일한 문제들을 겪게 될 것이다. **Alfred Tennyson is the greatest poet that ever lived.** 알프레드 테니슨은 지금까지 살았던 가장 위대한 시인이다. **We will do everything that we can to resolve the issue.** 우리는 그 문제를 해결하기 위해 우리가 할 수 있는 모든 것을 할 것이다.	* 선행사가 사람인 경우는 who를 사용해도 무방하다: the greatest poet who …

e) 선행사를 포함한 관계 대명사 what

관계 대명사 what은 선행사를 포함한다. what은 사람 및 사물 모두에 사용할 수 있다.

사람인 경우 a person who, 사물인 경우 a thing which의 뜻으로 사용된다.

This bike is what I wanted to have. 이 자전거는 내가 갖기를 원하던 것이다. **You have to keep in mind what he said.** 당신은 그가 한 말을 기억해야 합니다. **What he wants to be is a journalist.** 그가 되고 싶어하는 것은 기자이다.	* what = a thing which * what = a person who

 Build up your vocabulary

resolve 해결하다, 결심하다 | **resolution** 해결, 결단, 과단성 | **keep in mind** 기억해두다, 명심하다 | **with something in mind** … 을 고려했을 때

2. 관계 대명사의 격

관계 대명사가 관계절에서 어떤 역할을 하는가에 따라서 주격, 소유격, 목적격으로 나눌 수 있다.

a) 주격 관계 대명사

관계 대명사가 관계절에서 주어의 역할을 하는 경우이다. 선행사가 사람인 경우 who, 사물인 경우 which를 사용한다. that은 사람 및 사물에 공통적으로 사용할 수 있다.

I have many friends who can help me.
나는 나를 도와줄 수 있는 친구가 많다.

That is a new restaurant which opened last week.
저곳은 지난주에 개업한 새로운 식당이다.

Dinosaurs are the largest animals that ever lived on the earth.
공룡은 지구상에서 살았던 가장 큰 동물이다.

dinosaur

---

b) 목적격 관계 대명사

관계 대명사가 관계절에서 목적어의 역할을 하는 경우이다. 선행사가 사람인 경우 whom, 사물인 경우 which, that은 공통적으로 사용된다. 목적격에서 형태가 바뀌는 관계 대명사는 whom이 유일하다. 그러나 일반 대화체 문장에서는 whom 대신 who를 사용해도 무방하다.

Matthew is the only person whom I can trust.
매튜는 내가 신뢰할 수 있는 유일한 사람이다.

Snow White is a fairy tale that everyone knows.
백설공주는 누구나 알고 있는 동화이다.

My brother ate the sandwiches which I bought this morning.
내 동생이 내가 오늘 아침에 산 샌드위치를 먹었다.

* fairy tale 동화

 Build up your vocabulary

trust n 신임, 신뢰 v 믿다, 신뢰하다 | **trustworthy** 신뢰할 수 있는 | **entrust** (믿고) 맡기다, 위임하다 | **distrust** 불신, 불신하다

c) 소유격 관계 대명사

관계 대명사가 관계절에서 소유격의 역할을 하는 경우이다. 소유격 관계 대명사는 whose 또는 of which가 있다. 선행사가 사람인 경우 whose를 사용하며, 사물인 경우 whose또는 of which를 사용할 수 있다. 그러나 that은 소유격으로 사용할 수 없다.

He is an artist. His works are world-renowned.
그는 예술가이다. 그의 작품은 세계적으로 잘 알려져 있다.

He is an artist whose works are world-renowned.
그는 자신의 작품이 세계적으로 잘 알려진 예술가이다.

They live in the house. The door of the house is green.
그들은 그 집에 살고 있다. 그 집의 문은 녹색이다.

They live in the house whose door is green.
그들은 대문이 녹색인 집에서 살고 있다.

They live in the house of which the door is green.
그들은 대문이 녹색인 집에서 살고 있다.

The millionaire bought a picture. The price of the picture is incredibly high.
그 백만장자는 그림을 한 점 샀다. 그 그림의 가격은 엄청나게 비싸다.

The millionaire bought a picture whose price is incredibly high.
그 백만장자는 가격이 엄청나게 비싼 그림을 샀다.

The millionaire bought a picture of which the price is incredibly high.
그 백만장자는 가격이 엄청나게 비싼 그림을 샀다.

* renowned 유명한, 명성이 있는

artist

* millionaire 백만장자, 부호
incredible 믿을 수 없는

 Build up your vocabulary

incredible 믿기 힘든, 믿을 수 없는 | **credible** 믿을 수 있는 | **credit** 신용, 신용 거래 | **credibility** 신용, 진실성, 믿을 수 있음

3. 관계 대명사의 생략

관계 대명사가 종속 문장의 목적어일 때, 관계 대명사가 전치사의 목적어일 때 관계 대명사를 생략할 수 있다. 관계 대명사가 주격일 때는 생략할 수 없으나, be 동사가 있을 때 '관계 대명사 + be 동사'를 함께 생략할 수 있다.

a) 관계 대명사가 종속 문장의 목적어일 때 생략할 수 있다.

This is the wallet which I bought yesterday.
  This is the wallet I bought yesterday.
    이 지갑은 내가 어제 구입한 것이다.

The flute is a musical instrument that I want to learn.
  The flute is a musical instrument I want to learn.
    플루트는 내가 배우기를 원하는 악기이다.

flute
* musical instrument 악기

b) 관계 대명사가 전치사의 목적어일 때 생략할 수 있다.

This is the house in which my grandparents live.
  This is the house my grandparents live in.
    이곳은 우리 조부모님이 살고 있는 집이다.

I once visited the place about which you are talking.
  I once visited the place you are talking about.
    나는 당신이 말하고 있는 장소를 한 번 방문한 적이 있다.

* 관계 대명사를 생략하면 전치사는 문장 뒤로 보낸다.

c) '관계 대명사 + be 동사'는 함께 생략할 수 있다.

The baby who is sleeping in the bed is my nephew.
  The baby sleeping in the bed is my nephew.
    침대에서 자고 있는 아기는 나의 조카이다.

He is always driving a vehicle that was made in Sweden.
  He is always driving a vehicle made in Sweden.
    그는 항상 스웨덴 산 자동차를 타고 다닌다.

* 선행사가 사람이든 사물이든 '관계 대명사 + be 동사'는 생략할 수 있다.

Part 6 전치사, 접속사, 관계사

159

4. 관계 대명사의 한정적 용법과 계속적 용법

한정적 용법과 계속적 용법의 차이는 관계 대명사 앞에 위치한 콤마(,)의 유무에 달려있다. 한정적 용법은 콤마가 없는 문장이고 콤마(,)를 붙이면, 계속적 용법이 된다. 예문을 통해서 그 차이를 이해해보자.

a) 한정적 용법

한정적 용법은 관계 대명사가 명사인 선행사를 수식하는 형용사 절의 역할을 한다. 관계 대명사 that은 한정적 용법에서만 사용한다.

Mr. Richard had two sons who became businessmen. 리차드씨는 사업가가 된 두 아들이 있었다.	* 사업가가 아닌 다른 아들이 있을 수 있음.
I bought clothes that are easy to wash. 나는 세탁하기 쉬운 옷을 샀다.	
My neighbor who is a cook plays tennis with me on Sundays. 요리사인 나의 이웃은 일요일이면 나와 테니스를 친다.	* 상대방이 이웃이 누구인지 알지 못하므로 요리사인 이웃으로 명확하게 설명하고 있음.

b) 계속적 용법

계속적 용법은 선행사나 문장의 일부 또는 전부를 부연 설명하는 역할을 한다. 계속적 용법 문장에서는 관계 대명사를 생략할 수 없다.

Mr. Richard had two sons, who became businessmen. 리차드씨는 두 아들이 있었는데, 그들은 사업가가 되었다.	* 그의 아들은 두 명이며, 이들은 모두 사업가이다.
I bought clothes, which are easy to wash. 나는 옷을 샀는데, 그 옷들은 세탁하기가 쉽다.	
My neighbor, who is a cook, plays tennis with me on Sundays. 나의 이웃은, 요리사인데, 그는 일요일이면 나와 테니스를 친다.	* 이웃이 누구인지 서로 알고 있는 상태에서 그가 요리사라는 추가 정보 제공.

＊ 콤마를 사용하지 않는 한정적 용법은 선행사가 불명확할 때 그 대상을 명확하게 설명해주거나 한정하기 위해 사용된다. 이에 반해 계속적 용법은 대화의 당사자들이 언급되는 대상이 누구인지 알고 있으며, 추가 정보를 제공해주는 것이 주된 목적이다.

Check-up Test 17

1 - 5. 알맞은 관계 대명사를 이용하여 문장을 완성하세요.

| who   which   that |

1. Brian is the only person _____ I can trust.

2. The puppy _____ is chasing its tail is Joe's pet.

3. This is the painting _____ I want to purchase.

4. You are having the same trouble _____ I once had.

5. The girl _____ is singing on the stage is my cousin.

6 - 10. 알맞은 관계 대명사를 이용하여 문장을 완성하세요.

| who   which   whom   that |

6. The old lady lives with his son _____ is a famous actor.

7. Do you know the woman with _____ Jenny is speaking?

8. George was born in a fishing village _____ is close to Boston.

9. The man and his dog _____ are strolling in the park live next door.

10. Two stout men _____ were wearing black masks entered the bank.

11 - 15. 알맞은 관계 대명사를 이용하여 문장을 완성하세요.

| who   whose   which   in which   of which |

11. The flight _____ we are going to take has been canceled.

12. The man _____ car broke down on the motorway is my colleague.

13. My uncle, _____ is a taxi driver, had a car accident this morning.

14. America consists of 50 states, _____ the largest by population is California.

15. The stadium _____ the final match was held accommodated 50000 people.

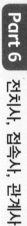

Part 6 전치사, 접속사, 관계사

16 - 20. 알맞은 전치사 + 관계 대명사를 이용하여 문장을 완성하세요.

| at whom | for whom | of which | under which | without which |

16. Who is the woman _____ you are smiling?

17. The tree _____ we took a rest was a big oak.

18. The building _____ the wall is painted white is the city hall.

19. We had a map of the area, _____ we would have got lost.

20. Have you chosen a candidate _____ you are going to vote in the next election?

21 - 25. 두 문장을 관계사를 사용하여 한 문장으로 다시 쓰세요.

21. Wright brothers were American inventors.
They built the first airplane.

_____

22. He is a renowned writer.
His books have sold more than 10 million copies internationally.

_____

23. I bought the jeans yesterday.
The jeans were torn and stained.

_____

24. The athlete won the Olympic gold medal.
The athlete broke the world record.

_____

25. I am looking for someone.
He will take care of my dog while I am away.

_____

Chapter 18

관계 부사

관계 부사는 접속사와 부사의 역할을 한다. 관계 부사는 전치사 + 관계 대명사로 바꿀 수 있으며 관계 대명사처럼 선행사를 갖는다.

1. 관계 부사의 종류

관계 부사의 종류에는 when(시간), where(장소), why(이유), 그리고 how(방법)가 있다.

a) when

시간이나 때를 나타내는 단어가 선행사로 올 때 관계 부사 when을 사용할 수 있다.

> **Do you remember the day when we first met?**
> 우리가 처음 만난 날을 기억하나요?
>
> **Summer is the season when farmers harvest wheat.**
> 여름은 농부들이 밀을 수확하는 계절이다.
>
> **It was 1957 when the Beatles formed their rock band.**
> 비틀즈가 록 그룹을 만든 시기는 1957 년이었다.
>
> **Romeo and Juliet fell in love the moment when their eyes met.**
> 로미오와 줄리엣은 서로 눈이 마주친 순간 사랑에 빠졌다.

rock band

b) where

장소를 나타내는 단어가 선행사일 때 where를 사용한다.

> **This is the village where I grew up.**
> 이 마을은 내가 자랐던 곳이다.
>
> **The house where he lives is not far from here.**
> 그가 살고 있는 집은 여기서 멀지 않다.
>
> **The hotel where we stayed last summer was on fire.**
> 우리가 지난 여름에 머물렀던 호텔은 불이 났다.

on fire

| They took a picture in the park where I jog every morning. 그들은 내가 아침마다 조깅을 하는 공원에서 사진을 찍었다. | |

* 관계 부사 when과 where는 in which, at which, on which 등으로 바꿀 수 있다.

Do you remember the day on which we first met?

The hotel at which we stayed last summer was on fire.

c) why

이유를 나타내는 단어가 선행사일 때 why를 사용한다. 선행사가 a (the) reason 일 때 reason을 생략하거나, 또는 why를 생략하기도 한다.

That's why she wants to sue you. 그것이 그녀가 당신을 고소하려는 이유이다.	* sue 고소하다, 소송을 제기하다
Do you know (the reason) why John is so grouchy today? 존이 오늘 왜 그렇게 불평이 많은 지 알고 있나요?	* grouchy 불평이 많은
Nobody knows (the reason) why Jessica canceled her trip. 제시카가 그녀의 여행을 취소한 이유는 아무도 모른다.	
The reason why I couldn't call you is that I lost my mobile phone. 내가 당신에게 전화를 걸 수 없었던 이유는 휴대폰을 잃어버렸기 때문입니다.	* the reason why …를 설명하는 절은 that을 사용해야 한다.

d) how

방법을 나타내는 선행사는 the way이다. 그러나 the way how의 표현은 사용하지 않는다. 선행사인 the way만 쓰거나, 또는 관계 부사 how만 사용한다.

| No one knows how he found out the truth. 그가 어떻게 사실을 알게 되었는지 아무도 모른다. | |
| I can't figure out how this is going to work. 나는 이것이 어떻게 작동하려는지 이해할 수 없다. | * figure out 이해하다, 생각해내다 |

> The police are investigating how the accident happened.
> 경찰은 그 사고가 어떻게 발생했는지 조사하고 있다.
>
> Can you please tell me how I can get to the old castle?
> Can you please tell me the way I can get to the old castle?
> 어떻게 그 고성에 갈 수 있는지 말해 주시겠습니까?

2. 관계 부사의 생략

어떤 선행사가 사용되는가에 따라 관계 부사 또는 선행사를 생략할 수 있다.

a) when의 선행사가 시간을 나타내는 경우: the day, the moment

> Do you remember the day when we first met?
> Do you remember when we first met?
> Do you remember the day we first met?
> 우리가 처음 만났던 날을 기억하나요?

b) where의 선행사가 장소를 나타내는 단어가 올 때: the place

> This is the place where I met you for the first time.
> This is where I met you for the first time.
> This is the place I met you for the first time.
> 이곳이 내가 당신을 처음 만났던 장소이다.

c) why의 선행사가 이유를 나타내는 단어가 올 때: the reason

> That is the reason why she wants to sue you.
> That is why she wants to sue you.
> That is the reason she wants to sue you.
> 그것이 그녀가 당신을 고소하려는 이유이다.

3. 복합 관계 부사와 복합 관계 대명사

복합 관계 부사는 전치사 + 선행사 + 관계 부사를 함께 표현하는 단어로 whenever, wherever 그리고 however가 있다.

a) whenever

at any time when(… 할 때는 언제든지), no matter when(언제 … 일지라도)

Whenever I come to Boston, I visit my uncle. 나는 보스턴에 올 때면 언제든지 삼촌을 방문한다. **Rachel wears a hat whenever she goes outside.** 레이첼은 밖에 나갈 때면 언제든지 모자를 착용한다. **Come and see me whenever it is convenient for you.** 당신이 편리할 때면 언제든지 나를 보러 오세요.	* convenient 편리한

b) wherever

at any place where(… 하는 곳은 어디든지), no matter where(어디 … 일지라도)

My dog follows me wherever I go. 나의 개는 내가 어디를 가든 나를 따라다닌다. **I am going to find you wherever you hide.** 네가 어디에 숨어도 나는 너를 찾아낼 것이다. **Wherever there is oppression, there is resistance.** 탄압이 있는 곳에는 어디든지 저항이 있다.	* oppression 억압, 압박 resistance 저항, 반대

c) however

no matter how (어떻게 … 일지라도, 아무리 … 하더라도)

Jane never gains weight, however much she eats. 제인은 아무리 많이 먹어도, 체중이 늘지 않는다. **However well you plan, something unexpected can happen.** 계획을 아무리 잘 세워도, 예상치 못한 일은 일어난다. **However hard you try, you cannot be at the top all the time.** 아무리 열심히 노력해도, 항상 정상에 있을 수는 없다.	* gain weight 체중이 늘다 * something unexpected 예상치 못한 일

d) 복합 관계 대명사

관계 대명사에 ever를 붙이면 복합 관계 대명사가 된다.

whoever = anyone who (… 하는 이는 누구든), no matter who (누가 … 하든)

whichever = anything which (…하는 것은 어느 것이든), no matter which (어느 것이든)

whatever = anything that (무엇이건), no matter what (… 하는 것은 무엇이든지)

Whoever found it first can keep it. 누구든 먼저 발견한 사람이 임자이다.	
Whoever says that is a liar. 그렇게 말한 사람은 누구든 거짓말쟁이다.	
I will give this box to whoever wants it. 나는 누구든 이 상자를 원하는 사람에게 줄 것이다.	
You can choose whichever shoes suit you best. 어느 것이든 당신에게 가장 잘 맞는 구두를 선택할 수 있다.	* suit 맞다, 적합하다, 편리하다
Whichever team wins, I don't care. 어느 팀이 이기든, 나는 상관없다.	
Whatever happens, we will stick together. 어떤 일이 일어나든, 우리는 함께 할 것이다.	* stick together 함께 뭉치다, 단결하다
Whatever you may say, he will not change his mind. 당신이 무슨 말을 하더라도, 그는 자신의 생각을 바꾸지 않을 것이다.	

Part 6 전치사, 접속사, 관계사

 Build up your vocabulary

oppression 탄압, 억압 | **oppress** 탄압하다, 억압하다 | **oppressive** 탄압적인, 억압적인 | **gain weight** 체중이 늘다 | **lose weight** 체중이 줄다 | **unexpected** 예기치 않은, 뜻밖의 | **expect** 예상하다, 기대하다 | **expectant** 기대하는 | **expectancy** 기대 | **happen** 발생하다, 일어나다, 우연히 … 하다 | **happening** 일, 행위

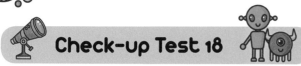

Check-up Test 18

1 - 5. 보기에서 알맞은 관계 부사를 찾아 문장을 완성하세요.

| how   why   when   where |

1. I will tell you _____ Morris lives.

2. We will leave _____ the rain stops.

3. I don't know _____ he is going to react.

4. Do you know the reason _____ John left early?

5. Please explain to me _____ this machine works.

6 - 10. 빈칸에 들어갈 알맞은 관계 부사를 쓰세요. (주관식)

6. The day _____ I arrived was hot and humid.

7. I still remember the place _____ we first met.

8. Maggie never told me the reason _____ she left school.

9. I am looking for a nice hotel _____ I can stay for a week.

10. We have to figure out _____ we can get her out of trouble.

11 - 15. 관계부사를 사용하여 두 문장이 같은 의미가 되게 하세요.

11. Here is the restaurant at which I often eat lunch.

Here is the restaurant _____ I often eat lunch.

12. July is the month in which the summer begins.

July is the month _____ the summer begins.

13. I don't see the reason for which we have to do this.

I don't see the reason _____ we have to do this.

14. He fell in love from the moment at which he first saw her.

He fell in love from the moment _____ he first saw her.

15. I have got some ideas on the way we can solve this problem.

I have got some ideas on _____ we can solve this problem.

16 - 20. '전치사와 관계 대명사'를 이용하여 두 문장이 같은 뜻이 되게 하세요.

16. Autumn is the season when the sky is high and clear.

Autumn is the season _____ the sky is high and clear.

17. Julia does not pay much attention to how she dresses.

Julia does not pay much attention to the way _____ she dresses.

18. I don't see any reason why we can't finish the project on time.

I don't see any reason _____ we can't finish the project on time.

19. Do you remember the place where you left your briefcase?

Do you remember the place _____ you left your briefcase?

20. I cannot figure out the reason why Emily turned down the offer.

I cannot figure out the reason _____ Emily turned down the offer.

21 - 25. 복합 관계사를 이용하여 문장을 완성하세요.

21. Anyone who comes first will get the prize.

_____ comes first will get the prize.

22. At any time when you are in trouble, ask me to help.

_____ you are in trouble, ask me to help.

23. No matter how rich you may be, you cannot buy happiness.

_____ rich you may be, you cannot buy happiness.

24. I decided to visit Switzerland this summer, no matter what it costs.

I decided to visit Switzerland this summer, _____ it costs.

25. No matter where you go in this city, you will see people riding bikes.

_____ you go in this city, you will see people riding bikes.

Part 6

전치사, 접속사, 관계사

Part 7

시제, 가정법, 태

시제

시제는 어떤 동작이나 행위가 일어나는 시점을 의미하며, 현재, 과거, 미래의 세 가지 시점으로 나뉜다. 그리고 각각의 시점은 다시 단순형, 진행형, 완료형, 그리고 완료 진행형으로 세분화된다.

1. 현재 시제

a) 단순 현재

[현재형 동사]

사용범위가 가장 넓은 시제이다. 현재 시제를 사용하는 경우는 다음과 같다.
i) 반복적으로 일어나는 행위나 습관
ii) 생각, 감정, 의견 또는 믿음
iii) 일반적인 사실이나 진리
iv) 미래의 예정된 일정이나 정해진 약속

I like detective stories. 나는 탐정 소설을 좋아한다. **He goes swimming every Saturday.** 그는 매주 토요일 수영하러 간다. **I believe that what he said is true.** 나는 그가 한 말이 사실이라고 믿는다. **The Earth takes 365 days to go around the Sun.** 지구는 태양 주위를 도는 데 365 일이 걸린다. **The train arrives in 10 minutes.** 기차는 10 분 후 도착한다. **We have a meeting scheduled at 9 a.m. tomorrow.** 우리는 내일 오전 9 시에 회의가 있다.	* detective story 탐정 소설

* 가까운 미래의 예정된 일정은 현재, 현재 진행, 또는 미래 중 한 가지로 표현할 수 있다.

The train leaves at 6 a.m. tomorrow.

The train is leaving at 6 a.m. tomorrow.

The train will leave at 6 a.m. tomorrow. 기차는 내일 아침 6 시에 출발한다.

b) 현재 진행

[be 동사의 현재형 + 동사 원형 ing]

현재 시점에서 진행중인 사항을 표현하는 시제이다. 가까운 미래나 예정된 미래 사항, 또는 현재 진행되고 있는 점진적인 변화나 추세를 표현할 때도 진행형을 사용할 수 있다.

I am writing short stories these days. 나는 요즘 단편 소설을 쓰고 있다.	* short story 단편 소설
He is reading a newspaper on the sofa. 그는 소파에서 신문을 읽고 있다.	
I am going to tell him sooner or later. 나는 조만간 그에게 말할 것이다.	* sooner or later 조만간
We are leaving early tomorrow morning. 우리는 내일 아침 일찍 출발할 것이다.	
The number of college students is rapidly decreasing. 대학생 수가 급격히 줄고 있다.	* decrease 감소하다

* 진행형을 사용하지 않는 동사

다음 동사들은 일반적으로 진행형을 사용하시 않는다.

1. 소유를 나타내는 동사: have, belong (…에 속하다), want, need
2. 의식을 표현하는 동사: know, believe, forget, remember, understand
3. 지각 및 감각을 표현하는 동사: see, feel, smell, hear, look
4. 감정 상태를 나타내는 동사: love, like, prefer, respect, hate, fear, regret (후회하다)
5. 모양 및 상태를 나타내는 동사: appear, resemble (닮다), differ (다르다)
6. 치수, 무게 또는 비용을 표현하는 동사: cost, measure (측정하다), weigh

그러나 have, feel, look, think 등이 진행 중인 동작을 표현할 때는 진행형을 사용할 수 있다.

I am feeling extremely thirsty now.
나는 지금 목이 매우 마르다.
I am thinking about buying a new bike.
나는 새 자전거를 살까 생각 중이다.
I am looking for a part time job.
나는 시간제 일자리를 찾고 있는 중이다.

c) 현재 완료

[have + 과거 분사]

과거에 시작하여 현재까지 지속되는 행위나 상황을 나타내는 표현이다. 또한 최근에 완료된 상황이나 과거와 현재 사이 구체적이지 않은 기간에 반복되는 행위도 현재 완료형으로 나타낸다.

현재 완료로 나타내는 상황은 계속, 경험, 결과 및 완료의 네 가지로 분류할 수 있다.

i) 계속: 과거에 시작된 행위가 현재 지속되는 경우

I have had a cold for three days. 나는 3일 동안 감기에 걸려 있다. **Clara has played the piano since she was a little girl.** 클라라는 어렸을 때부터 피아노를 쳤다.	* 아직도 감기에 걸려 있음. * 현재까지 피아노를 치고 있음.

ii) 경험: 과거 경험한 행위나 상황을 현재 상기하는 경우

I have read the novel three times. 나는 그 소설을 세 번 읽었다. **I have never been to Los Angeles.** 나는 LA에 가 본 적이 없다.	* 주로 ever, never, once, many times, before 등의 시간 부사와 함께 표현되며 '…한 적이 있다'로 해석

iii) 결과: 과거 발생한 행위나 상황이 현재까지 영향을 미치는 경우

He has gone to Japan. 그는 일본으로 갔다. **I have lost my room key.** 나는 룸 키를 잃어버렸다.	* 지금도 일본에 머물 고 있음. * 현재 키가 없어 룸에 들어가지 못하고 있음.

iv) 완료: 과거에 시작된 행위나 상황이 최근 완료된 경우

We have already solved the issue. 우리는 그 문제를 이미 해결했다. **The plane has just landed at the airport.** 비행기는 방금 공항에 착륙했다.	* 주로 just, already, yet 등과 함께 표현.

d) 현재 완료 진행

[have been + 동사 원형 ing]

현재 완료와 진행형이 합쳐진 구문이다. 과거에 시작되어 현재까지 여전히 진행중인 행위나 상황을 표현한다.

It has been raining for three days. 비가 3일 동안 내리고 있다. **He has been waiting here for two hours.** 그는 여기서 두 시간 동안 기다리고 있다. **She has been living in Hawaii since she was born.** 그녀는 태어났을 때부터 하와이에서 살고 있다. **We have been working on this report since last Tuesday.** 우리는 지난 화요일부터 이 보고서를 작성하고 있다.	* born 태어난, 태 생의 (bear의 과거분사형: bear / bore / born) * work on the report 보고서를 작성하다

* 시간이나 기간을 나타내는 표현과 함께 사용된 경우 현재 완료형과 현재 완료 진행형은 의미상의 차이가 거의 없다. 그러므로 단순한 문형을 선호하는 영어의 특성상 완료 진행형을 사용하는 빈도는 많지 않다.

Part 7 시제, 가정법, 태

※ 진행형과 완료 진행형

진행형은 행위나 상황이 현재 계속되고 있음을 강조한다. 반면 완료 진행형은 그 행위가 과거에 시작되어 현재까지 지속되고 있음을 강조하는 표현이다.

진행형	완료 진행형
It is raining outside. 밖은 비가 오고 있다. I am waiting for Robert. 나는 로버트를 기다리고 있다. Maria is playing tennis now. 마리아는 지금 테니스를 치고 있다.	It has been raining for almost a week. 거의 일주일 동안 비가 내리고 있다. I have been waiting for him since 3 p.m. 나는 오후 3 시부터 그를 기다리고 있다. She has been playing tennis since she was seven. 그녀는 7 살 때부터 테니스를 쳐왔다.

2. 과거 시제

a) 단순 과거

[과거형 동사]

과거에 발생했던 일이나 상황을 표현하는 시제로 과거형 동사를 사용한다. 과거형 동사는 규칙 동사인 경우 어미에 ed를 붙이며 불규칙 동사는 따로 암기해야 한다.

I saw Jessica yesterday. 나는 어제 제시카를 보았다. **He flew to Geneva last week.** 그는 지난주 제네바에 비행편으로 갔다. **Columbus discovered America in 1492.** 콜럼버스는 1492년 미국을 발견했다. **Tom finished his homework two hours ago.** 톰은 두 시간 전에 숙제를 끝냈다. **Brian played the piano when he was a child.** 브라이언은 어렸을 때 피아노를 쳤다.	* fly - flew - flown 날다, 비행기로 가다 * 브라이언이 지금은 피아노를 치는지 알 수 없다.

b) 과거 진행

[be 동사의 과거형 + 동사 원형 ing]

과거 시점에서 진행중인 사항을 표현하는 시제이다. 현재 진행을 이해했다면 그 시점만 과거로 바꾸면 된다. 과거 진행형은 대부분 과거 특정 시점을 나타내는 표현과 함께 사용된다.

She was listening to music at 9 last night. 그녀는 어젯밤 9 시에 음악을 듣고 있었다. **When I arrived, he was playing a video game.** 내가 도착했을 때, 그는 컴퓨터 게임을 하고 있었다. **I was sleeping when someone knocked on the door.** 누군가가 문을 두드렸을 때 나는 자고 있었다. **We were waiting for him when the accident happened.** 그 사고가 일어났을 때 우리는 그를 기다리고 있었다.	* 내가 도착하기 전, 그는 일정 기간 동안 컴퓨터 게임을 지속하고 있었음을 의미. * play a video game 컴퓨터 게임을 하다 * knock on the door 문을 노크하다, 두드리다

c) 과거 완료

[had + 과거분사]

과거의 어느 시점을 기준으로 그 이전부터 그때까지 일어난 일이나 상황을 표현한다. 한 사건이 과거에 일어난 다른 사건보다 더 전에 일어났음을 표현하는 시제이다.

I had finished my work when he called. 그가 전화를 했을 때 나는 작업을 끝냈다. **The concert had started when we arrived.** 우리가 도착했을 때 공연은 시작했었다. **I had never been to Europe before I went to Paris last year.** 나는 지난해 파리에 가기 전까지는 유럽에 가본 적이 없었다. **Eddy had studied Spanish for one year before he moved to Madrid.** 에디는 마드리드로 이사하기 전 스페인어를 일 년 공부했었다.	* 전화를 받기 전에 이미 작업은 끝나 있었다는 것을 의미. * have never been to …에 가본 적이 없다

 Build up your vocabulary

accident 사고 | accidental 돌발적인, 우연한

Part 7 시제, 가정법, 태

d) 과거 완료 진행

[had been + 동사 원형 ing]

과거의 어느 시점까지 진행되고 있는 일이나 상황을 표현하는 시제이다. 과거 완료 형과 의미의 차이가 크게 없으나, 과정을 강조하고자 할 때 사용한다. 현재 완료 진행형과 마찬가지로 사용 빈도는 높지 않다.

It had been raining hard until last night.
어젯밤까지 비가 많이 내렸다.

I had been waiting for two hours before he arrived.
그가 도착하기 전에 나는 두 시간 동안 기다리고 있었다.

Mike felt exhausted because he had been running for two hours.
마이크는 두 시간 동안 달렸기 때문에 극도로 지쳤다.

Elliot had been living in Chicago for ten years when he met Julie.
엘리엇은 줄리를 만났을 때 시카고에서 10년 동안 살고 있었다.

Eric had been playing the guitar for years before he joined the band.
에릭은 밴드에 합류하기 전에 여러 해 동안 기타를 쳤었다.

exhausted

3. 미래 시제

a) 단순 미래

i) [will + 동사 원형]
시간이 지나면 자연히 이루어지는 상황을 표현하는 시제이다.

You will be fine.
당신은 괜찮아 질 것입니다.

The principal will retire next year.
교장 선생님은 내년에 은퇴를 하신다.

The shop will close at 5 p.m.
그 상점은 오후 5시에 문을 닫는다.

* principal 교장, 학장
retire 은퇴하다
retirement 은퇴, 퇴직

ii) [be going to + 동사 원형]
be going to …는 will 보다 시간적으로 더 가까운 미래에 사용한다. 계획이나
일정에 관한 표현이라면 will을 사용한 표현보다 변경될 가능성이 훨씬 적다.

I am going to take a short break. 잠시 휴식을 취할까 해. **What are you going to do today?** 오늘은 무엇을 할 것입니까? **I am going to give him a ride after work.** 나는 일과 후 그를 태워줄 것이다. **Julie is going to Paris to attend a fashion show later this year.** 줄리는 올해 말 패션 쇼에 참석하러 파리에 갈 것이다.	* give one a ride 차로 태워주다, 차로 바래다주다

b) 의지 미래

[will / shall + 동사 원형]
미래에 발생하는 상황이지만, 실제로 그것이 일어나는 것은 화자 또는 청자의 의지에
달려있다.

	평서문 (화자의 의지)	의문문 (청자의 의지)
1 인칭	will	shall
2 인칭	shall	will
3 인칭	shall	shall

i) 화자의 의지

I will pay for the drink. 음료수는 내가 지불하겠습니다. **You shall hear from me soon.** 내가 곧 당신에게 연락하겠습니다. **He shall attend the meeting instead of you.** 당신 대신 그가 회의에 참석할 것입니다.	* I will …, You shall …, He shall …은 모두 인칭에 관계없이 화자 의 의지를 나타낸다. * 그에게 참석할 것을 지시하겠다는 의미.

ii) 청자의 의지

Will you go to the party tomorrow? 내일 파티에 참석할 것입니까? **Shall I get you some drink?** 마실 것을 가져다 드릴까요? **Shall he come to your office tomorrow?** 내일 그를 당신의 사무실로 가게 할까요?	* 인칭에 관계없이 청자, 즉 화자의 말을 듣는 상대방의 의지를 나타낸다.

c) 미래 진행

[will be + 동사 원형 ing]

미래 특정 시점에 진행 중인 상황을 표현하는 시제로 '…하고 있을 것이다'라는 의미로 사용된다. 동작이나 상황이 지속적으로 진행되고 있음을 강조하는 표현이다. 미래의 일정을 설명할 때 종종 사용된다.

I will be attending the conference next week. 다음 주 나는 회의에 참석하고 있을 것이다. **He will be traveling to Europe early next month.** 다음 달 초 그는 유럽을 여행하고 있을 것이다. **We will be living in Washington by this time next year.** 내년 이맘때면, 우리는 워싱턴에 살고 있을 것이다. **I will be playing tennis with Jimmy tomorrow afternoon.** 내일 오후 나는 지미와 테니스를 치고 있을 것이다.	* early next month 다음 달 초 * by this time next year 내년 이때

d) 미래 완료

[will have + 과거 분사]

미래 특정 시점을 기준으로 일이나 상황의 계속, 경험, 결과 및 완료를 나타내는 시제이다. 간단히 말하면 미래의 시점에서 과거를 되돌아보는 표현이다. 미래를 나타내는 조동사 will이 사용된 것만 제외하면 현재 완료와 동일한 구조를 갖는다.

The ferry will have left the port by the time we get there.
우리가 도착했을 때는 페리는 항구를 떠났을 것이다.

If he goes to Greece again, he will have been there twice.
그가 다시 그리스에 가면, 그는 그곳에 두 번 간 것이 된다.

We will have finished the project by the end of this month.
이달 말 즈음이면 우리는 그 프로젝트를 끝냈을 것이다.

Emily will have practiced playing the cello for five years by October.
10월이면 에밀리는 첼로를 5년 동안 연습한 것이 된다.

cello

e) 미래 완료 진행

[will have been + 동사 원형 ing]

미래 완료와 마찬가지로 미래의 시점에서 과거를 되돌아보는 표현이다. 진행형이 사용되었으므로 동작이나 상황이 지속되고 있음을 나타낸다.

By next year I will have been living in Boston for ten years.
내년이면 나는 보스턴에서 10년 동안 산 것이 될 것이다.

You will have been waiting for three hours when his plane arrives.
그가 탄 비행기가 도착할 때면 너는 세 시간 동안 기다린 것이 될 것이다.

We will have been playing basketball on that court before you come.
네가 오기 전까지 우리는 그 코트에서 농구를 하고 있을 것이다.

He will have been working on the research for over two years by next month.
다음 달이면 그는 그 연구를 2년 이상 작업한 것이 될 것이다.

f) 시제의 일치

시제의 일치는 주절과 종속절로 이루어진 복문의 문장 구조에서 두 절의 시제를 시간적 또는 논리적으로 일치시키는 것을 말한다. 예를 들면, 주절의 시제가 과거일 때 종속절의 시제는 과거나 과거 완료 시제가 사용되어야 한다.

Part 7 시제, 가정법, 태

It looks like a storm is approaching. 폭풍이 다가오고 있는 것처럼 보인다. **It looked like a storm was approaching.** 폭풍이 다가오고 있는 것처럼 보였다. **I knew that he was disappointed with the result.** 나는 그가 그 결과에 실망했다는 것을 알았다. **My uncle went to Yale University and studied physics.** 삼촌은 예일 대학에 가서 물리학을 공부했다. **John liked the log house which his father had built.** 존은 아빠가 만든 통나무 집을 좋아했다.	* approach 다가오다, 접근하다 * disappoint 실망시키다 be disappointed with …에 실망하다 * physics 물리학 * 논리적으로 통나무 집은 존이 좋아하기 전에 이미 만들어져 있어야 한다. log house 오두막, 통나무 집

종속절이 일반적 사실, 변하지 않는 진리, 또는 반복적으로 발생하는 일인 경우 주절이 과거 시제일지라도 종속절은 현재 시제로 사용한다.

I heard Juliet is smart. 나는 줄리엣이 영리하다고 들었다. **Jacob learned at school that the sun rises in the east.** 제이콥은 학교에서 태양은 동쪽에서 뜬다고 배웠다. **Daniel told me that he goes to the gym twice a week.** 다니엘은 내게 자신은 일주일에 두 번씩 체육관에 간다고 말했다. **My teacher said that the Caspian Sea is the largest lake in the world.** 선생님은 카스피해가 세계에서 가장 큰 호수라고 말했다.	 * gym 체육관, gymnasium의 줄인 말(= health club, fitness center) * the Caspian Sea 카스피해-아시아 북서부와 유럽 사이에 있는 세계 최대의 내륙호

 Build up your vocabulary

disappoint 실망시키다 | disappointed 실망한, 낙담한 | disappointing
실망스러운, 기대에 못 미치는 | disappointment 실망, 낙담 | physics 물리학 |
physicist 물리학자 | physical 물질의, 신체의

1 - 5. 빈칸에 알맞은 과거 및 과거 분사형을 쓰세요.

1. drive		driven
2. fly	flew	
3. seek		seek
4. steal		stolen
5. wear	wore	

6 - 10. ( ) 안의 동사를 이용하여 문장을 완성하세요. (단순 시제)

6. The sun _____ in the east. (rise)

7. Anna _____ with her parents. (live)

8. He _____ to talk to you right now. (want)

9. I _____ how important it is to study history. (realize)

10. Wait a minute; I _____ something to drink for you. (bring)

11 - 15. ( ) 안의 동사를 이용하여 문장을 완성하세요. (완료 및 완료 진행 시제)

11. She _____ nothing since last night. (eat)

12. _____ you _____ from Dennis since he left school? (hear)

13. I _____ anything from her for a long time. (hear / not)

14. My computer _____ working since this morning. (stop)

15. I _____ for you the whole morning. Where have you been? (look)

Part 7 시제, 가정법, 태

16 - 20. ( ) 안의 동사를 이용하여 문장을 완성하세요. (진행 및 완료 진행 시제)

16. We _____ Venice next month. (visit)

17. I _____ television when he called me. (watch)

18. Amanda _____ French for two years. (study)

19. It _____ outside, so we have to stay home today. (rain)

20. Boris _____ as a lawyer for the last three years. (work)

21 - 25. ( ) 안의 동사를 이용하여 문장을 완성하세요. (시제의 일치 및 논리적 적합성)

21. You _____ if you don't want to miss that train. (have to / hurry)

22. We _____ for a walk, because the weather has changed. (not / go)

23. After the king conquered Europe, he _____ his attention to Africa. (turn)

24. I have been to many countries in Europe, but I _____ Sweden. (never / visit)

25. Throughout history, humanity _____ whether there is life in space. (wonder)

주요 불규칙 동사

AAA

bet	bet	bet	돈을 걸다, 틀림없다
cost	cost	cost	
hit	hit	hit	
hurt	hurt	hurt	
quit	quit	quit	떠나다, 그만두다
read	read [red]	read [red]	
rid	rid	rid	
set	set	set	
shut	shut	shut	
split	split	split	분열되다, 갈리다
spread	spread	spread	

ABB

bend	bent	bent	
bring	brought	brought	
build	built	built	
dig	dug	dug	파다, 헤집다
hang	hung	hung	
lead	led	led	
leave	left	left	
light	lit	lit	
lie	lied	lied	거짓말하다
lay	laid	laid	내려놓다, 눕히다
think	thought	thought	
win	won	won	

Part 7 시제, 가정법, 태

ABA

come become run	came became ran	come become run	

ABC

arise	arose	arisen	발생하다
blow	blew	blown	
draw	drew	drawn	끌다, 당기다; 그리다
fall	fell	fallen	
fly	flew	flown	
go	went	gone	
lie	lay	lain	눕다
ride	rode	ridden	
rise	rose	risen	일어나다
see	saw	seen	
speak	spoke	spoken	
steal	stole	stolen	
tear	tore	torn	찢다, 뜯다
wear	wore	worn	
write	wrote	written	

가정법

가정법은 불확실한 미래를 상상하거나, 또는 현재나 과거의 이루지 못한 일에 대한 아쉬움을 나타내는 표현이다. 가정법은 있는 사실을 그대로 표현하는 직설법과 반대되는 개념으로 if를 사용하여 '만약 …한다면'의 의미를 갖는다. 가정법에서 가장 많이 사용되는 시제는 과거 시제와 과거 완료 시제이다.

1. 가정법 과거

[If + 주어+ 동사 과거형, 주어+ would + 동사원형]

현재 사실에 반대되는 상황을 가정하는 표현이다. 조건절과 주절의 동사는 모두 과거를 사용한다. 과거형 동사를 사용하기 때문에 과거라는 명칭이 붙었을 뿐 상황은 현재이다. 즉, 실현 가능성이 있으면 가정법 현재로 표현하고, 실현 가능성이 없으면 가정법 과거로 표현한다. 가정법 과거의 주절은 조동사의 과거형을 사용한다: would, could, should, might.

If I were you, I would accept his offer. 만약 내가 너라면, 그의 제안을 받아들일 것이다. **If she were not ill, she could come with me.** 만약 그녀가 아프지 않다면, 나와 함께 갈 것이다. **If I were you, I would pay more attention to his advice.** 만약 내가 너라면, 그의 충고에 좀 더 주의를 기울일 것이다. **If he were more prudent, he would not do such behavior.** 만약 그가 좀 더 신중하다면, 그런 행동은 하지 않을 것이다.	* 가정법 과거 문장의 if 절에서 be 동사는 인칭에 관계없이 were를 사용한다. * pay attention to 주의하다 * prudent 신중한

 Build up your vocabulary

accept 인정하다, 받아들이다 | **acceptable** 받아들일 수 있는, 용인되는 | **acceptance** 승인, 동의 | **prudent** 신중한, 현명한 | **imprudent** 경솔한, 신중하지 못한

2. 가정법 과거완료

[If + 주어+ had 과거분사, 주어+ would + have 과거분사]

과거 사실에 반대되는 상황을 가정하는 표현이다. 해석은 '…했다면 …했을 텐데, 사실은 그러지 못했다'는 의미로 과거에 대한 아쉬움이나 후회 등을 표현하는 어법이다.

If I had been you, I would have accepted his offer. 만약 내가 너였더라면, 그의 제안을 받아들였을 것이다. **If I had not taken the train, I could have never met her.** 만약 내가 그 기차를 타지 않았다면, 그녀를 결코 만나지 못했을 것이다. **If it had not rained yesterday, we could have gone climbing.** 어제 비가 오지 않았다면, 우리는 등산을 갈 수 있었을 것이다. **If I had known his address, I would have sent him an invitation.** 만약 그의 주소를 알았다면, 그에게 초청장을 보냈을 것이다.	*As I took the train, I could meet her. 그 기차를 탔었기 때문에 그녀를 만날 수 있었다 (과거 사건).

3. 가정법 현재

[If + 주어+ 현재형 동사, 주어 + 동사원형]
[If + 주어+ 현재형 동사, 주어+ will + 동사원형]
현재 또는 미래에 대한 가정이나 상상, 또는 조건을 표현하는 어법으로, 현실성이나 실현 가능성이 있음을 의미한다. if 가정절은 현재형 동사를, 주절은 조동사 will, can, may, might을 사용한다.

If you heat water, it boils. **If you heat water, it will boil.** **When you heat water, it will boil.** 열은 가하면 물은 끓는다. **If it rains tomorrow, I will stay home.** 만약 내일 비가 온다면, 나는 집에 머물 것이다. **If he accepts my proposal, I can work with him.** 만약 그가 나의 제안을 받아들인다면, 나는 그와 함께 일할 수 있다.	* 문장 내용이 사실이나 진리인 경우 주절의 동사를 현재형으로 사용할 수 있다. 이 경우는 가정보다는 조건으로 if 대신 when을 사용해도 의미가 변하지 않는다.

4. 가정법 미래

[If + 주어 + should + 동사원형, 주어 + will (would)+ 동사원형]
[If + 주어 + were to + 동사원형, 주어 + will (would)+ 동사원형]
실현 가능성이 희박한 미래의 일을 가정하는 어법으로 '(일어날 가능성은 적지만)
혹시라도 …한다면, …할 것이다'의 의미를 표현한다. 가정절에서는 should를 쓰는 것이 일반적이지만 실현이 불가능한 상황을 가정할 때는 were to를 사용한다.

If it should rain tomorrow, we will have to cancel the game. 만약 내일 비가 온다면, 우리는 경기를 취소해야 할 것이다. **If I were to be born again, I would become an architect.** 만약 내가 다시 태어난다면, 나는 건축가가 될 것이다. **If the sky were to collapse tomorrow, what shall we do?** 만약 내일 하늘이 무너진다면, 우리는 무엇을 해야 할까? **If the sun were to rise in the west, I would change my mind.** 만약 내일 해가 서쪽에서 뜬다면, 나는 생각을 바꾸겠다.	* 일어날 가능성이 낮은 상황에 대한 가정. * 불가능한 상황에 대한 가정.

5. 혼합 시제 가정법

[If + 주어+ had 과거분사, 주어+ would + 동사원형]
주절과 종속절의 시제가 일치하지 않는 가정법을 말한다. 혼합 시제가 사용되는 경우는 과거 행위의 결과가 현재에 영향을 미치는 경우이다. 문장 구성은 if 절은 과거 완료형이고, 주절은 과거형 문장이 사용된다.

If he had not fought in the war, he might be alive now. 만약 그가 전쟁에 참전하지 않았다면, 그는 지금 살아 있을 것이다. **If we had looked at the map more carefully, we wouldn't be lost.** 만약 우리가 지도를 좀 더 주의 깊게 봤었다면, 길을 잃지 않았을 것이다. **If you had taken the train yesterday, you would be in hospital now.** 만약 당신이 어제 그 기차를 탔었더라면, 지금은 병원에 있을 것이다. **If he had not left school three years ago, he would be a doctor now.** 만약 그가 3년 전 학업을 그만두지 않았었다면, 지금은 의사가 되었을 것이다.	* 혼합 가정법은 시기를 명확하게 나타내기 위해 if 가정절에는 과거를 나타내는 부사가 그리고 주절에는 현재를 나타내는 부사가 종종 사용된다.

Part 7 시제, 가정법, 태

6. if의 생략

가정법 문장에서 if가 생략될 수 있다. 이 경우 문장의 주어와 동사가 도치된다. 가정절에서 if가 생략되면 were, had, should로 문장이 시작된다. 가정절에서 일반동사가 사용되었다면 if를 생략하고 should를 사용한다.

If I were you, I would accept his offer.
→ Were I you, I would accept his offer.
만약 내가 너라면, 그의 제안을 받아들일 것이다.

If I had been you, I would have accepted his offer.
→ Had I been you, I would have accepted his offer.
만약 내가 너였더라면, 그의 제안을 받아들였을 것이다.

If it rains tomorrow, we will have to cancel the game.
→ Should it rain tomorrow, we will have to cancel the game.
만약 내일 비가 온다면, 우리는 경기를 취소해야 할 것이다.

---

7. if를 대신하는 가정법 표현

가정법 문장은 반드시 if가 사용되어야 하는 것은 아니다. if를 대신하는 가정법 표현의 대표적인 예로 wish, suppose, provided, as though (as if), but for, without, unless등이 있다.

a) I wish (that)

wish는 원하다, 바라다는 뜻의 동사이다. 현재 상황이 바뀌기를 원하는 경우 가정법 과거형, 과거 상황에 대한 아쉬움이나 후회를 표현하면 가정법 과거 완료형을 사용한다.

I wish (that) I could fly.
내가 날 수 있다면 좋을 텐데.

I wish I could tell you the truth.
내가 당신에게 진실을 말할 수 있다면 좋을 텐데.

I wish I could have told you the truth.
내가 당신에게 진실을 말할 수 있었더라면 좋았을 텐데.

= I am sorry I cannot tell you the truth.
지금 진실을 말할 수 없어 애석하다.
= I am sorry I could not tell you the truth.
과거 진실을 말하지 못해 애석하다.

---

b) suppose that / supposing that
가정절로 '만약 …이라면' 또는 '…로 가정한다면'의 뜻을 나타낸다.

Suppose (that) you won the lottery, what would you do first? 당신이 복권에 당첨되었다면, 제일 먼저 무엇을 할 것인가? **Suppose that she were here now, what would you say to her?** 그녀가 지금 여기 있다면, 당신은 그녀에게 무어라 말할 것인가? **Suppose that we ran out of gas on the highway, what should we do?** 고속도로에서 연료가 떨어졌다면, 어떻게 해야 하나?	* run out of 다 쓰다. 없어지다 gas (gasoline) 가솔린

c) provided that / providing that
조건절을 이끄는 표현으로 '…한다면' 또는 '…하는 경우'의 의미로 if 조건절과 같다.

Providing the weather is fine, we will go hiking. 날씨가 맑다면, 우리는 하이킹을 갈 것이다. **Provided that you drop the price by 10%, I will buy the sofa.** 가격을 10 % 낮춘다면 나는 그 소파를 사겠습니다. **Provided that your parents agree, you can be in the choir.** 부모님의 허락이 있다면, 너는 합창단원이 될 수 있다.	* choir 합창단, 성가대

d) as if / as though
'마치 …인 것처럼,' 또는 '마치 …인 듯이'의 의미를 나타낸다. 기준 시점과 같은 시점일 때는 과거형을 기준 시점보다 과거일 때는 과거 완료형을 사용한다.

He talks as if he knew everything. 그는 마치 모든 것을 알고 있는 것처럼 말한다. **She stared at me as if I were insane.** 그녀는 마치 내가 정신이상자인 것처럼 노려보았다.	* insane 미친, 정신이상의

| He behaves as if he were a millionaire.
그는 마치 백만장자인 것처럼 행동한다.

He behaves as if he had been a millionaire.
그는 마치 과거 백만장자였던 것처럼 행동한다. | * 기준 시점이 현재일 때 현재 상황의 반대.

* 기준 시점이 현재일 때 과거 상황의 반대. |

e) but for / without

'…이 없다면,' 또는 '…이 아니라면'의 뜻으로 if it were not for … 가정절과 같다.

| Without water, no living thing could survive.
물이 없다면, 어떤 생물도 살아남지 못한다.

But for your help, I couldn't have succeeded.
당신의 도움이 없었다면, 나는 성공할 수 없었을 것이다.

But for money, you would not be able to buy anything.
돈이 없으면, 당신은 아무 것도 살 수 없을 것이다. | = If it were not for water, no living thing could survive. |

f) unless

unless는 except if 또는 if not과 같은 의미로 조건절에 사용된다. 실현 가능성이 있는 경우에는 unless와 if not의 의미 차이는 없다. 그러나 실현 가능성이 없는 경우는 if not 가정절을 사용한다.

| Unless you hurry, you will miss the train.
서두르지 않으면, 당신은 기차를 놓칠 것이다.

Unless it rains, the finals will be held on Saturday.
비가 오지 않는다면, 결승전은 토요일에 열릴 것이다.

You can't travel abroad unless you have a passport.
여권이 없으면, 해외여행을 할 수 없다. | = If you do not hurry …

= If it does not rain …

= … if you do not have a passport. |

 Build up your vocabulary

survive 살아남다, 생존하다 | survival 생존 | survivor 생존자 | succeed 성공하다, 뒤를 잇다 | success 성공 | successful 성공적인 | succession 연속, 연쇄, 계승 | successive 잇따른, 연속적인

Check-up Test 20

1 - 5. ( ) 안의 동사를 이용하여 문장을 완성하세요. (가정법 과거)

1. If he _____ here, I would ask him to help. (be)

2. If I _____ a millionaire, I could buy the island. (be)

3. If I _____ no class today, I would go to the concert. (have)

4. If he _____ the answer, he would tell you immediately. (know)

5. If It _____ not raining, I would go to the park with friends. (be)

6 - 10. 두 문장의 의미가 같아지도록 문장을 완성하세요. (가정법 과거완료)

6. As I was not a millionaire, I could not buy the island.

_____, I could have bought the island.

7. As you did not work hard, you didn't pass the test.

_____, you would have passed the test.

8. Because she was busy, she could not stay with us last week.

_____, she could have stayed with us last week.

9. Because the road was slippery with snow, I had a car accident.

_____ with snow, I would not have had a car accident.

10. As you did not arrive on time, you missed the train.

_____, you would not have missed the train.

11 - 15. 안의 동사를 이용하여 문장을 완성하세요. (혼합 시제)

11. If you _____ law at university, you might be a lawyer now. (study)

12. If he _____ to my advice, he would not be in trouble now. (listen)

13. If you _____ my offer, you would be in a better situation

Part 7 시제, 가정법, 태

now. (accept)

14. If he _____ in his business last year, he might be living in debt now. (fail)

15. If you _____ the plane, you would be in Washington by now. (not / miss)

16 - 20. If를 생략하고 동일한 의미의 문장이 되게 하세요.

16. If you had told me earlier, I could have helped you.

_____, I could have helped you.

17. If we go by train, we will arrive there on time.

_____, we will arrive there on time.

18. If you need my advice, do not hesitate to contact me.

_____, do not hesitate to contact me.

19. If the weather had been sunny, we would have gone to the lake.

_____, we would have gone to the lake.

20. If you had worked harder, you wouldn't worry about the exam now.

_____, you wouldn't worry about the exam now.

21 - 25. ( ) 안에 알맞은 표현을 찾아 쓰세요.

as if   but for   even if   provided that   unless

21. He pretended _____ nothing had happened.

22. _____ you should fail this time, you will have another chance.

23. _____ you keep it secret, I will tell you what has happened.

24. _____ a knee injury, he would have played in the play-off last night.

25. _____ something unexpected happens, we will hold the meeting at five.

Chapter 21

태

영어 문장은 능동태 문장과 수동태 문장으로 구분할 수 있다. 능동태 문장에서는 행위의 주체가 주어가 되고 행위를 받는 대상은 목적어가 된다. 이에 반해 수동태 문장은 행위의 대상이 주어가 되는 문장 형태이다. 행위의 대상은 사물이나 사람이 될수 있다. 영어 문장은 가능한 능동태 문장으로 표현하는 것을 원칙으로 한다. 그러나 동작을 받는 대상을 강조하고자 할 때, 또는 행위의 주체가 불분명할 때 수동태 문장을 사용할 수 있다.

1. 수동태의 기본 문형

수동태의 기본 문장 구조는 '주어 + be p.p. + by 목적어'이다. 능동태 문장을 수동태 문장으로 바꾸는 방법은 다음과 같다.

i) 능동태 문장의 목적어를 주어로 바꾼다.

ii) 동사는 be + 과거 분사 (p.p.)의 형태로 바꾼다. 시제는 능동태 문장의 시제와 일치해야 한다.

iii) 능동태의 주어는 by 목적어로 바꾼다.

능동태 문장	Someone broke the window last night. 누군가 어젯밤에 창문을 깨트렸다.	(주어 + 동사 + 목적어)
수동태 문장	The window was broken by someone last night. 창문이 어젯밤 누군가에 의해 깨졌다.	(주어 + be p.p. + by 목적어)

 Build up your vocabulary

break (broke, broken) 깨지다, 부서지다, 고장 나다 | **break a rule** 규칙을 어기다 | **break a code** 암호를 풀다 | **break down** 고장 나다, 실패하다 | **break out** 발생하다, 발발하다 | **break in (into)** 침입하다

195

a) 3 형식 문장의 수동태

수동태 문장으로 바꿀 수 있는 가장 기본적인 문장 구조이다. 목적어는 주어가 되고 주어는 by 목적어가 된다. 동사는 be + p.p.로 바꾼다.

He cleans his room every day. 그는 매일 그의 방을 청소한다.	**His room is cleaned by him every day.** 그의 방은 매일 그에 의해 청소된다.
The angry mob destroyed the statue. 성난 군중들은 그 조각상을 파괴했다.	**The statue was destroyed by the angry mob.** 그 조각상은 성난 군중들에 의해 파괴되었다.
A pride of lions is chasing a deer. 사자 한 무리가 사슴을 쫓고 있다.	**A deer is being chased by a pride of lions.** 사슴은 사자 무리에 의해 쫓기고 있다.

b) 4 형식 문장의 수동태

4 형식 문장에는 간접 목적어와 직접 목적어 두 개의 목적어가 있다. 그러므로 어느 목적어를 주어로 선택하는가에 따라 두 종류의 수동태 문장을 만들 수 있다.

He told me a story. 그는 내게 이야기 하나를 했다.	**I was told a story by him.** 나는 그에게 이야기 하나를 들었다. **A story was told (to) me by him.** 이야기 하나가 그에 의해 내게 말해졌다.

위 예문에서 보는 바와 같이 간접 목적어를 주어로 사용할 때 문장의 기본 구조에는 변화는 없다. 그러나 직접 목적어가 주어가 될 때 전치사를 사용하는 것이 일반적이며, 이로 인해 문장이 훨씬 자연스러워진다. 수동태 문장에서 사용되는 전치사는 to, of, 또는 for가 있다.

i) 수동태 문장에서 전치사 to를 사용하는 동사: give pass send teach write
ii) 수동태 문장에서 전치사 of를 사용하는 동사: ask inquire require
iii) 수동태 문장에서 전치사for를 사용하는 동사: buy get make

I gave the boy a book. 나는 그 소년에게 책 한 권을 주었다.	A book was given to the boy by me. 책 한 권이 나에 의해 그 소년에게 주어졌다.
She sent me a message. 그녀는 내게 메시지를 보냈다.	A message was sent to me by her. 메시지가 그녀에 의해 내게 보내졌다.
Jenny asked me a question. 제니는 내게 질문을 했다.	A question was asked of me by Jenny. 질문이 제니에 의해 내게 물어졌다.
I bought Tom a present. 나는 톰에게 선물을 사주었다.	A present was bought for Tom by me. 톰을 위한 선물이 나에 의해 구입되었다.
My grandma made me a fruit salad. 할머니께서 내게 과일 샐러드를 만들어 주셨다.	A fruit salad was made for me by my grandma. 나를 위한 과일 샐러드가 할머니에 의해 만들어졌다.

iv) 직접 목적어만 수동태의 주어가 되는 동사

4 형식 문장에서 직접 목적어만 주어가 될 수 있는 동사들이 있다. 그러나 이 동사들은 기계적으로 암기할 필요는 없다. 동사가 가진 의미상 논리적으로 간접 목적어가 주어가 될 수 없기 때문이다.

| bring buy find get make hand pass read sell send sing write |

Jenny sent me a parcel. 제니가 나에게 소포를 보냈다.	A parcel was sent to me by Jenny. 소포가 제니에 의해 나에게 보내졌다.
Romeo wrote Juliet a love poem. 로미오는 줄리엣에게 사랑의 시를 써 주었다.	A love poem was written to Juliet by Romeo. 사랑의 시가 로미오에 의해 줄리엣에게 써 보내졌다.
My uncle bought me a new computer. 삼촌이 내게 새 컴퓨터를 사주었다.	A new computer was bought for me by my uncle. 새 컴퓨터가 나를 위해 삼촌에 의해 구입되었다.

Part 7 시제, 가정법, 태

* 간접 목적어가 주어가 된 'I was bought a new computer by my uncle' 또는 'I was sent a parcel by Jenny'는 논리적으로 말이 되지 않는다.

c) 5 형식 문장의 수동태

목적격 보어가 있다는 것을 제외하면 3 형식 문장의 수동태와 동일하다.

The news made her famous. 그 뉴스는 그녀를 유명하게 만들었다.	**She was made famous by the news.** 그녀는 그 뉴스에 의해 유명해졌다.
The jury found him innocent. 배심원들은 그를 무죄로 인정했다.	**He was found innocent by the jury.** 그는 배심원들에 의해 무죄를 인정받았다.
People are painting the city hall white. 사람들이 시청 건물을 흰색으로 칠하고 있다.	**The city hall is being painted white by people.** 시청 건물이 사람들에 의해 흰색으로 칠해지고 있다.

2. 지각동사와 사역동사의 수동태

지각동사 및 사역동사와 함께 쓰인 원형부정사는 수동태 문장에서는 to 부정사가 된다.

a) 지각동사

지각동사는 원형 부정사를 to 부정사로 바꾼 후, 나머지는 일반 수동태와 동일한 방법으로 문장을 전환시킨다.

I saw him enter the building. 나는 그가 그 건물로 들어가는 것을 보았다.	**He was seen to enter the building by me.** 그가 그 건물로 들어가는 것이 나에 의해 목격되었다.

 Build up your vocabulary

innocence 결백, 무죄 | **innocent** 결백한, 무고한 ↔ **guilty** 유죄의, (죄에 대한) 책임이 있는 | **jury** 배심원, 심사위원 | **jurisdiction** 사법권, 관할권

| We saw Jake fall from the stair.
우리는 잭이 계단에서 넘어지는 것을 보았다.

He heard Maria sing a beautiful song.
그는 마리아가 아름다운 노래를 부르는 것을 들었다. | Jake was seen to fall from the stair by us.
잭이 계단에서 넘어지는 것이 우리에 의해 목격되었다.

Maria was heard to sing a beautiful song by him.
마리아가 아름다운 노래를 부르는 것이 그에게 들렸다. |

b) 사역동사

사역동사는 make를 제외하고 다른 동사를 사용한다:

make → be made + to 부정사
let → be allowed + to 부정사
had → be asked + to 부정사

| She made him clean the room.
그녀는 그가 방을 청소하게 했다.

He let the boys play in the garden.
그는 소년들이 정원에서 노는 것을 허락했다.

A lady had the locksmith cut a key.
한 숙녀가 열쇠 수리공에게 열쇠를 만들게 했다. | He was made to clean the room by her.
그는 그녀에 의해 방을 청소하게 시켜졌다.

The boys were allowed to play in the garden by him.
소년들은 정원에서 노는 것을 그에게 허락을 받았다.

The locksmith was asked to cut a key by a lady.
열쇠 수리공은 한 숙녀에 의해 열쇠를 만들도록 요청을 받았다. |

3. 수동태에서 by를 사용하지 않는 동사들

수동태 문장에서 by가 아닌 다른 전치사를 사용하는 동사들이 있다. 이들은 주로 감정을 나타내는 동사들로 능동태 문장보다는 수동태 문장으로 표현되는 것이 일반적이다. by 대신 사용되는 전치사는 at, about, to 그리고 with가 있다.

a) at

놀라움을 나타내는 동사: alarmed, amazed, astonished, frightened

I was amazed at the result. 나는 그 결과에 깜짝 놀랐다. She was alarmed at the loud noise. 그녀는 큰 소리에 깜짝 놀랐다. Everyone was frightened at the explosion. 모두가 폭발에 겁을 먹었다.	* be amazed at …에 깜짝 놀라다 * be frightened at …에 겁을 먹다, 놀라다

b) about

걱정이나 염려를 나타내는 동사: concerned, troubled, worried

I am worried about his safety. 나는 그의 안전을 걱정한다. I am concerned about his impatience. 나는 그의 성급함을 염려한다.	* be concerned about …을 염려하다

c) in

업무나 관심을 나타내는 동사: engaged, interested, involved

I am interested in international politics. 나는 국제 정치에 관심을 갖고 있다. James was involved in the traffic accident. 제임스는 교통사고에 연루되었다. His father is engaged in the livestock industry. 그의 아버지는 축산업에 종사하고 있다.	* be involved in …에 개입되다, 연루되다 * livestock industry 축산업

d) to

헌신이나 임무를 나타내는 동사: ascribed, assigned, devoted, dedicated

He was assigned to Washington office. 그는 워싱턴 지사로 발령이 났다. His whole life has been dedicated to medical research. 그의 전 생애는 의학 연구에 바쳐졌다.	* be assigned to …에 배속되다, 편입되다 * be dedicated to …에 바치다, 전념하다, 헌신하다

e) with

만족, 기쁨, 또는 싫증을 나타내는 동사: delighted, pleased, satisfied, disappointed, fed up

James is satisfied with his current job. 제임스는 현재 직업에 만족한다. **Tom was disappointed at the news.** 톰은 그 소식에 실망했다. **Brian was disappointed with his test result.** 브라이언은 자신의 테스트 결과에 실망했다. **I got fed up with her constant complaining.** 나는 그녀의 끝없는 불평에 진저리가 났다.	* disappointed는 with와 at 둘 다 사용할 수 있다. * be fed up with / get fed up with …에 물리다, 싫증나다, 진저리 나다

4. 수동태를 사용할 수 없는 동사

영어의 모든 동사를 수동태 형태로 바꿀 수 있는 것은 아니다. 수동태는 능동태 문장의 목적어가 주어가 되는 문장이다. 그러므로 자동사가 사용된 1 형식 문장과 2 형식 문장은 목적어가 없으므로 수동태 문장으로 바꿀 수 없다. 다음은 수동형으로 사용할 수 없는 대표적인 동사들이다:

emerge (나타나다)   exist (존재하다)   remain (남다)   seem (…인 것 같다)
last (지속하다)

disappear (사라지다)   expire (만기가 되다)   belong to (…에 속하다)
consist of (…로 구성되다)

The fog suddenly disappeared. 안개가 갑자기 사라졌다. **My driver's license expires next month.** 나의 운전면허증은 다음달 만료된다. **The sun emerged from the clouds after the rain.** 비가 멎은 후 태양이 구름에서 나왔다. **The breakfast consists of bacon, fried egg, sausage, and toast.** 아침 식사는 베이컨, 달걀 프라이, 소시지, 그리고 토스트로 구성된다.	* expire 만료되다, 끝나다, 만기가 되다 (= run out)

Check-up Test 21

1 - 5. 다음 문장을 수동태로 바꾸세요.

1. Tom collects old coins. → Old coins _____

2. Jane bought a new computer.

   → A new computer _____

3. John asked a lot of questions.

   → A lot of questions _____

4. The police arrested a suspect.

   → A suspect _____

5. My neighbor's dog bit the postman this morning.

   → The postman _____ this morning.

6 - 10. 아래 문장을 보기에 주어진 전치사를 이용하여 수동태로 바꾸세요.

to   for   of

6. She bought me a video camera.

  A video camera _____

7. His grandfather left Thomas a large fortune.

  A large fortune _____

8. The interviewer asked Jenny a few questions.

  A few questions _____

9. Michael will send you an invitation to the party.

  An invitation to the party _____

10. A financial company offered him a job as manager.

  A job as manager _____

11 - 15. 다음 문장을 수동태로 바꾸세요.

11. Joan always keeps the room clean.

→ _____

12. These books will make you intelligent.

→ _____

13. The committee elected him chairperson.

→ _____

14. His teacher allowed Mike to go home early today.

→ _____

15. The court sentenced him to 10 years' imprisonment.

→ _____

16 - 20. 다음 문장을 수동태로 바꾸세요.

16. We heard Maria sing on the stage.

→ _____

17. I had the electrician look at my computer.

→ _____

18. She saw Jacob study in the library yesterday.

→ _____

19. My manager made me work on last Saturday.

→ _____

20. The school does not let students wear flip flops.

→ _____

Part 7 시제, 가정법, 태

21 – 25. 보기 1과 2에 주어진 전치사와 동사를 사용하여 아래 문장을 완성하세요.

보기 1	about at in to with
보기 2	satisfy dedicate concern involve astonish

21. Tom is _____ my explanation.

22. The senator is _____ a bribery scandal.

23. The lady is always _____ her son's health.

24. Everyone was _____ his unexpected statement.

25. The monument was _____ those who were killed in World War ll.

Check-up
Test Answer

정답 및 해석

1. are 2. is 3. is 4. am 5. is 6. be 7. was
8. were 9. be 10. were

11. He is not broke.
그는 파산하지 않았다. / 그는 무일푼이 아니다.
12. I will not be busy tomorrow.
나는 내일 바쁘지 않다.
13. She was not absent yesterday.
그녀는 어제 결석하지 않았다.
14. He is not an expert on international law.
그는 국제법 전문가가 아니다.
15. This information is not available to the public.
이 정보는 일반인들에게 제공되지 않는다.

16. Is Jane angry with you?
제인은 당신에게 화가 났나요?
17. Will it be hot tomorrow?
내일은 날씨가 더울까요?
18. Was the sky clear last night?
어젯밤에 하늘이 맑았나요?
19. Were you at school yesterday?
어제 학교에 갔었나요?
20. Was Tom at the library this morning?
오늘 아침 톰은 도서관에 있었나요?

21. is 22. is 23. was 24. were / was 25. are

1 – 10 해석

1. You are brave.
당신은 용감합니다.
2. My uncle is a soldier.
우리 삼촌은 군인이다.
3. It is windy outside.
바깥에는 바람이 분다.
4. I am glad to see you.
당신을 만나서 기쁩니다.
5. She is a famous writer.
그녀는 유명한 작가이다.
6. It will be dark soon.
곧 날이 어두워질 것이다.
7. The street was empty last Friday.
지난 금요일 거리는 텅 비었다.
8. We were all tired after a long walk.
우린 오래 걸어서 모두 피곤했다.
9. You should be on time at the meeting.
당신은 제시간에 회의에 참석해야 합니다.
10. There were ten eggs on the table this morning.
오늘 아침에 식탁 위에 달걀이 10개 있었다.

1. speaks 2. lives 3. cries 4. gets 5. flies
6. arrived 7. occupied 8. spilled (spilled – American English / spilt – British English)
9. nodded 10. sang

11. The boy hid behind his mother.
소년은 엄마 뒤에 숨었다.
12. She put too much sugar in the coffee.
그녀는 커피에 설탕을 너무 많이 넣었다.
13. My uncle built this barn all by himself.
우리 삼촌은 혼자서 헛간을 지었다.
14. Jacob drove his sister to the airport.
제이콥은 여동생을 차로 공항까지 바래다주었다.
15. Someone ate my sandwiches in the fridge.
누군가 냉장고에 있던 내 샌드위치를 먹었다.

16. Thomas doesn't like physics.
토마스는 물리 과목을 좋아하지 않는다.
17. Maria doesn't speak Spanish.
마리아는 스페인어를 말하지 않는다.
18. They don't understand each other.
그들은 서로를 이해하지 못한다.
19. I don't know why she is mad at me.
나는 그녀가 왜 내게 화가 났는지 알지 못한다.
20. We don't meet very often recently.
우리는 최근에 자주 만나지 않는다.

21. Does he work hard?
그는 열심히 일하나요?
22. Does Susan swim very well?
수전은 수영을 잘 하나요?
23. Didn't she sleep well last night?
그녀는 어젯밤 잠을 잘 자지 않았나요?
24. Did Daniel buy a new bike yesterday?
다니엘은 어제 새 자전거를 샀나요?
25. Didn't we go to the beach last Sunday?
우리는 지난 일요일 해변에 가지 않았나요?

1 – 10 해석

1. Daniel speaks Italian.
   다니엘은 이태리어를 한다.

2. My uncle lives in London.
   우리 삼촌은 런던에 살고 있다.

3. The baby cries every night.
   그 아기는 매일 밤 운다.

4. The boy gets up early every morning.
   그 소년은 매일 아침 일찍 일어난다.

5. Bob flies a kite in the park every weekend.
   밥은 주말마다 공원에서 연을 날린다.

6. Allen arrived late for the party.
   앨런은 파티에 늦게 도착했다.

7. The soldiers occupied the village.
   군인들이 그 마을을 점령했다.

8. Someone spilled (spilt) coffee on my computer.
   누군가 내 컴퓨터에 커피를 쏟았다.

9. Everyone in the classroom nodded in agreement.
   교실에 있던 모두가 동의하며 고개를 끄덕였다.

10. Michael played the piano for her while Adele sang.
    아델이 노래하는 동안 마이클은 그녀를 위해 피아노를 연주했다.

Chapter 3   p. 30

1. do 2. is 3. Are 4. Does 5. was
6. have 7. do 8. did 9. can 10. have to
11. should 12. Could 13. would 14. may
15. have to 16. d 17. c 18. a 19. b 20. c
21. have to 22. did 23. will 24. must
25. Should

1 – 25 해석

1. I do not like mushroom soup.
   나는 버섯 수프를 좋아하지 않는다.

2. Mom is cooking in the kitchen.
   어머니는 부엌에서 요리를 하신다.

3. Are you coming to the party tonight?
   오늘 저녁 파티에 올 거야?

4. Does he know how to make an apple pie?
   그는 사과 파이를 만드는 법을 알고 있어?

5. The building was built by a famous architect last year.
   이 건물은 유명한 건축가가 작년에 건설했다.

6. I have not finished my work yet.
   나는 아직 일을 마치지 않았다.

7. What do you do every Saturday?
   당신은 매주 토요일 무엇을 하나요?

8. What did you do last Tuesday?
   당신은 지난 화요일 무엇을 했나요?

9. Don't worry. I can take care of it for myself.
   걱정하지 마. 나 스스로 그것을 처리할 수 있어.

10. I feel exhausted so I have to stay at home tonight.
    나는 피곤해서 오늘은 집에 있어야 해.

11. I think you should get some exercise.
    나는 당신이 운동을 해야 한다고 생각합니다.

12. Could you bring me something to drink?
    마실 것 좀 주시겠습니까?

13. I would like to thank you for all your help.
    당신의 도움에 감사하고 싶습니다.

14. I may go to Paris this summer but I am still not sure.
    나는 이번 여름에 파리에 갈 수 있지만 아직 확실하지는 않다.

15. You don't have to go to the party if you don't want to.
    당신이 원하지 않는다면 파티에 가지 않아도 됩니다.

16. You should not leave your door unlocked when you go out.
    외출할 때 문을 잠그지 않으면 안 된다.

17. This is a free parking lot. You don't have to pay to park your car.
    이곳은 무료 주차장입니다. 주차하기 위해 돈을 지불할 필요가 없습니다.

18. I couldn't get to the meeting on time this morning, because I got stuck in traffic.
    교통체증에 막혀 오늘 아침 회의에 늦지 않게 도착할 수 없었습니다.

19. There must be something wrong with my computer. It is making very unusual noises.
    내 컴퓨터에 이상이 있는 것이 틀림없어. 컴퓨터에서 이상한 소리가 나.

20. Smoking is prohibited in all offices. That means you must not smoke inside the building.
모든 사무실에서 흡연은 금지됩니다. 이는 건물 내에서 담배를 피워서는 안됨을 의미합니다.

21. A: My child is nine. Do I have to buy him a ticket?
B: Yes, you do. A child's ticket costs half the adult ticket price.
A: 우리 아이는 아홉 살입니다. 그에게 표를 사주어야 하나요?
B: 네, 그렇습니다. 어린이 표는 성인 가격의 절반입니다.

22. A: Your sneakers look fantastic. Where did you buy them?
B: These shoes? Thank you. I bought them at a shoe store downtown.
A: 운동화가 멋진데. 그것을 어디서 샀지?
B: 이 운동화 말이야? 고마워. 시내의 한 신발 가게에서 샀어.

23. A: How is the weather going to be this weekend?
B: The weather forecast says that it will be warm on the weekend.
A: 이번 주말 날씨는 어떨 것 같아?
B: 일기예보에 의하면 주말은 날씨가 따뜻할 것이라고 해.

24. A: You must not go into deep water if you cannot swim.
B: Don't worry. I grew up near the beach.
A: 수영을 할 줄 모르면 깊은 물에 들어가서는 안됩니다.
B: 걱정 마세요. 나는 바닷가에서 자랐어요.

25. A: Should I wait any longer?
B: I am sorry for keeping you waiting. He will be here in ten minutes.
A: 더 기다려야 하나요?
B: 기다리게 해서 죄송합니다. 그는 10분 내로 도착할 것입니다.

Chapter 4 p. 43

1. leaves 2. sheep 3. doctors 4. countries
5. carpenters 6. deer 7. echoes 8. activities
9. stomachs 10. volcanos / volcanoes
11. is 12. are 13. are 14. is 15. is

16. cup 17. glass 18. pile 19. piece
20. crowd 21. flock 22. pack 23. bunch
24. slice 25. board

11 – 25 해석

11. The news is from a reliable source.
그 뉴스는 믿을 만한 소식통으로부터 나왔다.
12. The police are investigating the case.
경찰은 그 사건을 조사하고 있다.
13. The sunglasses on the table are mine.
테이블 위에 있는 선글라스는 내 것이다.
14. The furniture in the room is comfortable.
그 방에 있는 가구는 편안하다.
15. Further information is available on request.
추가 정보는 요청에 의해 제공됩니다.

16. Would you like a cup of tea?
차 한 잔 하시겠습니까?
17. I drink a glass of milk every morning.
나는 매일 아침 우유를 한 잔 마신다.
18. There is a pile of books on the table.
테이블 위에 책이 한 무더기 있다.
19. She gave me a piece of advice.
그녀는 내게 조언을 한 마디 했다.
20. A man is walking through a crowd of people.
한 남자가 군중 사이를 걸어가고 있다.

21. I saw a flock of birds flying over the hill.
나는 한 떼의 새가 언덕 위로 날고 있는 것을 보았다.
22. He heard a pack of wolves howling in the forest.
그는 숲에서 한 무리의 늑대가 우는 소리를 들었다.
23. I bought a bunch of flowers from a florist nearby.
나는 근처 꽃집에서 꽃을 한 다발 샀다.
24. A slice of bread with a cup of tea will be enough for me.
나는 차 한 잔과 빵 한 조각이면 충분합니다.
25. He will answer to the board of directors at the next meeting.
그는 다음 회의에서 이사진들에게 답변을 할 것이다.

Chapter 5 p. 53

1. she 2. he 3. they 4. it 5. we

6. me 7. her 8. their 9. your 10. our
11. of itself 12. by himself 13. in itself
14. for yourself 15. between ourselves
16. hers 17. ours 18. his 19. yours 20. mine
21. others 22. each other 23. some 24. any
25. the other

6 – 25 해석

6. My uncle bought me a bike.
   삼촌이 내게 자전거를 사주었다.
7. Jane needs her house.
   제인은 그녀의 집이 필요하다.
8. Nancy and Mathew run their shop.
   낸시와 매튜는 그들의 상점을 운영한다.
9. If you have any questions, raise your hands.
   질문이 있으면 손들 드세요.
10. His comment did not affect our plans.
    그의 의견은 우리 계획에 영향을 미치지 않았다.

11. The window opened of itself.
    창문이 저절로 열렸다.
12. The old man lives by himself.
    그 노인은 혼자 산다.
13. The greenhouse effect is natural in itself.
    온실효과는 원래 자연적인 것이다.
14. Since there is no one to help you, you have to complete the task for yourself.
    도와줄 사람은 없습니다, 따라서 당신은 그 과제를 혼자서 완성해야 합니다.
15. We have to keep this information between ourselves for some time.
    우리는 이 정보를 당분간은 비밀로 해야 한다.

16. She bought that car yesterday.
    그녀는 저 차를 어제 구입했다.
    → That car is hers.
      저 차는 그녀의 것이다.
17. We sold the house last month.
    우리는 지난 달 그 집을 팔았다.
    → The house is not ours.
      그 집은 우리 것이 아니다.
18. He and I agree with each other.
    그와 나는 서로 동의한다.
    → My opinion coincides with his.
      나의 의견은 그의 것과 일치한다.
19. You can make the final decision.
    당신이 최종 결정을 내릴 수 있습니다.
    → The final decision is yours.
      최종 결정은 당신의 것입니다.
20. Emma and I have known each other since childhood.
    엠마와 나는 어릴 때부터 알고 있다.
    → Emma is an old friend of mine.
      엠마는 나의 오랜 친구이다.

21. Do not stare at others in the face.
    다른 사람들의 얼굴을 노려보지 마세요.
22. We will keep in touch with each other.
    우리는 서로 연락할 것이다.
23. You can have some of these candies, but I don't want any.
    너는 이 사탕들을 좀 가져가도 좋아, 하지만 나는 별로 갖고 싶지 않아.
24. You can invite any of your friends, if they want to come.
    오고 싶어하는 친구들이 있다면, 그들 중 누구라도 초대해도 좋아.
25. They are identical twins, so it is difficult to tell one from the other.
    그들은 일란성 쌍둥이다, 그래서 서로 구별하는 것은 어렵다.

Chapter 6   p. 62

1. b 2. a 3. c 4. e 5. d
6. C 7. O 8. O 9. O 10. O
11. DO 12. OC 13. OC 14. DO 15. OC

16. I will buy a drink for you.
    내가 한 잔 살게.
17. Maggie has baked ginger cookies for me.
    매기는 내게 생강 과자를 구워 주었다.
18. Jacob wrote a very long letter to me.
    제이콥은 내게 장문의 편지를 썼다.
19. Tom sends a Christmas card to his mother every year.
    톰은 매년 어머니께 크리스마스 카드를 보낸다.
20. He handed the report to me without any comment.
    그는 아무 말없이 내게 보고서를 건네 주었다.
21. The temperature dropped sharply last night.
    어젯밤 온도가 급격히 떨어졌다.

22. Children like to eat chocolate and ice-cream.
아이들은 초콜릿과 아이스크림을 좋아한다.

23. My uncle gave me this watch on my birthday.
삼촌은 내 생일에 이 시계를 주었다.

24. The decision made the problem more complicated.
그 결정은 문제를 더 복잡하게 만들었다.

25. The committee appointed him the manager of the team. 위원회는 그를 팀의 감독으로 지명했다.

1 – 15 해석

1. He became a firefighter.
그는 소방관이 되었다.

2. The boy runs very quickly.
그 소년은 매우 빨리 달린다.

3. I had a bad dream last night.
나는 어젯밤 악몽을 꾸었다.

4. You must keep your room clean.
너는 방을 청결하게 유지해야 한다.

5. She brought me a cup of coffee.
그녀는 내게 커피를 한 잔 가져왔다.

6. The girl looks happy.
그 소녀는 행복해 보인다.

7. The boy likes puppies.
그 소년은 강아지를 좋아한다.

8. I was watching news on TV last night.
나는 어젯밤 TV로 뉴스를 보고 있었다.

9. We heard an explosion in the distance.
우리는 멀리서 폭음을 들었다.

10. Mike often loses his temper, so he has no friends.
마이크는 자주 화를 낸다, 그래서 그는 친구가 없다.

11. I threw him the ball.
나는 그에게 공을 던졌다.

12. He named his dog Rocky.
그는 자신의 개를 록키라고 불렀다.

13. His excuse made her upset.
그의 변명은 그녀를 화나게 했다.

14. I will bring you something to read.
나는 당신을 위해 읽을 것을 가져오겠습니다.

15. Practice will make you better at what you are doing.

연습은 당신이 하는 일을 더 잘하게 만들 것이다.

Chapter 7   p. 69

1. I am reading a detective story.
나는 탐정 소설을 읽고 있다.
   → I am not reading a detective story.
   나는 탐정 소설을 읽지 않고 있다.

2. You should invite Jane to the party.
너는 제인을 파티에 초대해야 한다.
   → You should not invite Jane to the party.
   너는 제인을 파티에 초대해서는 안 된다.

3. The team played very well yesterday.
그 팀은 어제 경기를 매우 잘 했다.
   → The team did not play very well yesterday. 그 팀은 어제 경기를 썩 잘하지 않았다.

4. Tom enjoys jogging in the park nearby.
톰은 근처 공원에서 조깅을 즐긴다.
   → Tom does not enjoy jogging in the park nearby.
   톰은 근처 공원에서 조깅을 즐기지 않는다.

5. I have to commute to work every day.
나는 매일 직장으로 통근을 해야 한다.
   → I don't have to commute to work every day.
   나는 매일 직장으로 통근을 할 필요는 없다.

6. They will join us for lunch.
그들은 우리와 점심을 함께 할 것이다.
   → Will they join us for lunch?
   그들은 우리와 점심을 함께 하나요?

7. He is going to resign next week.
그는 다음 주 사임을 할 것이다.
   → Is he going to resign next week?
   그는 다음 주 사임을 하나요?

8. She has eaten all the cake in the fridge.
그녀는 냉장고의 케이크를 모두 먹었다.
   → Has she eaten all the cake in the fridge?
   그녀가 냉장고의 케이크를 모두 먹었나요?

9. I can give you a lift to the railway station.
나는 당신을 기차역까지 태워 줄 수 있습니다.
   → Can I give you a lift to the railway station?
   내가 당신을 기차역까지 태워줘도 될까요?

10. There are many movie theaters in the city center.
시내에는 많은 영화관들이 있다.

→ Are there many movie theaters in the city center?
시내에는 영화관들이 많이 있나요?

11. You know my phone number.
너는 내 전화번호를 알고 있다.
→ Do you know my phone number?
내 전화번호를 알고 있나요?

12. Robert lived in Washington.
로버트는 워싱턴에서 살았다.
→ Did Robert live in Washington?
로버트는 워싱턴에서 살았나요?

13. She likes to be alone sometimes.
그녀는 가끔 혼자 있기를 좋아한다.
→ Does she like to be alone sometimes?
그녀는 가끔 혼자 있기를 좋아하나요?

14. He handed in his report before the deadline.
그는 보고서를 마감기한 전에 제출했다.
→ Did he hand in his report before the deadline?
그는 보고서를 마감기한 전에 제출했나요?

15. You played poker with your friends last night.
너는 어젯밤 친구들과 포커를 쳤다.
→ Did you play poker with your friends last night?
어젯밤 친구들과 포커를 쳤었나요?

16. He runs so fast.
그는 매우 빨리 달린다.
→ He runs so fast, doesn't he?
그는 매우 빨리 달린다, 그렇지 않아?

17. It is not very cold today.
오늘은 날씨가 많이 춥지 않다.
→ It is not very cold today, is it?
오늘은 날씨가 많이 춥지 않다, 그렇지?

18. You can give me some advice.
당신은 내게 충고를 줄 수 있다.
→ You can give me some advice, can't you? 당신은 내게 충고를 줄 수 있다, 그렇지 않나요?

19. Beth and her friends will arrive soon.
베스와 그녀의 친구들은 곧 도착할 것이다.
→ Beth and her friends will arrive soon, won't they?
베스와 그녀의 친구들은 곧 도착할 것이다, 그렇지 않아?

20. We are not going to study tonight.
우리는 오늘밤 공부를 하지 않을 거야.
→ We are not going to study tonight, are we?
우리는 오늘밤 공부를 하지 않을 거야, 그렇지?

21. You are generous.
당신은 관대합니다.
→ How generous you are!
당신은 정말 관대하군요!

22. He did a great job.
그는 큰일을 했다.
→ What a great job he did!
그는 정말 대단한 일을 했다!

23. The sunset is beautiful.
일몰은 아름답다.
→ How beautiful the sunset is!
얼마나 아름다운 일몰인가!

24. The bird sings sweetly.
그 새는 아름답게 노래를 부른다.
→ How sweetly the bird sings!
얼마나 아름다운 새소리인가!

25. It was a strange coincidence.
그것은 신기한 우연이었다.
→ What a strange coincidence it was!
얼마나 신기한 우연인가!

Chapter 8   p. 79

1. d 2. d 3. a 4. b 5. c
6. When 7. Who 8. What 9. How 10. Why
11. b 12. c 13. e 14. a 15. d
16. e 17. c 18. b 19. d 20. a

21. Do you know what time the shop opens?
22. I am wondering why Julia was so mad.
23. Can you tell me what your phone number is?
24. Do you remember how much you paid for the computer?
25. I would like to know if you want to stay. / I would like to know whether you want to stay or not.

1 – 25 해석

1. What is your favorite color?
좋아하는 색깔은 무엇입니까?

2. How old is your grandfather?
   너의 할아버지는 연세가 어떻게 되시니?

3. When are you going to visit France?
   당신은 언제 프랑스를 방문할 건가요?

4. Which do you like better, summer or winter?
   여름과 겨울 중 어느 계절이 더 좋은 가요?

5. How long does it take to get to the airport?
   공항까지 가는 데 얼마나 걸리나요?

6. When did Joe leave? He left an hour ago.
   조는 언제 떠났나요? 그는 한 시간 전에 떠났어요.

7. Who ate the ice cream in the fridge? I did.
   누가 냉장고 아이스크림을 먹었나요? 내가 먹었어요.

8. What time did you go to bed last night? I went to bed at 10 o'clock.
   어젯밤 몇 시에 자러 갔나요? 10 시에 자러 갔어요.

9. How was your weekend? I took a rest at home.
   주말은 어땠나요? 집에서 쉬었어요.

10. Why was the meeting canceled? There was a blackout in the building.
    왜 회의가 취소되었나요? 건물에 정전이 일어났어요.

11. How are you today? I feel a bit tired.
    오늘은 어때요? 좀 피곤해요.

12. When did you arrive? I arrived at 9 am.
    당신은 언제 도착했나요? 오전 9시에 도착했어요.

13. Where have you been? We have been in the park.
    당신들은 어디 있었나요? 우리는 공원에 있었어요.

14. Where is the nearest bus stop? It is just a block away.
    가장 가까운 버스 정류소가 어디 있나요? 한 블록 떨어져 있어요.

15. Who did you meet at the meeting? I met an old friend of mine.
    회의에서 누구를 만났나요? 오랜 친구를 만났어요.

16. Why was the plane delayed? It couldn't take off because of heavy snow.
    비행기가 왜 연착했나요? 폭설 때문에 이륙하지 못했어요.

17. What kind of exercise do you do? I take a walk every day.
    어떤 운동을 하세요? 매일 산보를 합니다.

18. What are you looking for? I am looking for my room key.
    무엇을 찾고 있나요? 방 열쇠를 찾고 있어요.

19. How many people were there at the concert? About ten thousand people were there.
    콘서트에 몇 사람이 왔었나요? 약 만 명이 왔어요.

20. Which would you like to buy, apples or bananas? I would like to buy apples.
    사과와 바나나 중 어느 것을 사고 싶나요? 사과를 사고 싶어요.

21. What time does the shop open? (Do you know)
    그 상점은 몇 시에 엽니까?
    Do you know what time the shop opens?
    그 상점이 몇 시에 여는지 아시나요?

22. Why was Julia so mad? (I am wondering)
    줄리아는 왜 화가 났나요?
    I am wondering why Julia was so mad.
    줄리아가 왜 화가 났는지 궁금해요.

23. What is your phone number? (Can you tell me)
    전화번호가 어떻게 되세요?
    Can you tell me what your phone number is?
    전화번호가 어떻게 되는지 말해 주시겠습니까?

24. How much did you pay for the computer? (Do you remember)
    컴퓨터에 얼마를 지불했나요?
    Do you remember how much you paid for the computer?
    컴퓨터에 얼마를 지불했는지 기억하세요?

25. Do you want to stay or not? (I would like to know) 당신은 머물기를 원하나요 아니면 그렇지 않나요?
    I would like to know whether (if) you want to stay.
    나는 당신이 머물기를 원하는지 알고 싶습니다.

Chapter 9   p. 89

1. much 2. many 3. many 4. much 5. many
6. few 7. little 8. few 9. few 10. little
11. aware 12. ashamed 13. asleep 14. alive
15. awake 16. fallen 17. total 18. main
19. former 20. live 21. another cool autumn
22. her tiny gold 23. long hot summer
24. his monotonous daily
25. large round mixing

1 – 25 해석

1. I don't have much money.
   나는 돈을 많이 가지고 있지 않다.

2. He asked me so many questions.
   그는 나에게 매우 많은 질문을 했다.

3. There are many toys in the box.
   그 상자 안에는 많은 장난감들이 있다.

4. This soup contains too much salt.
   이 수프에는 소금이 너무 많이 들어 있다.

5. People believed that the earth is flat for many years.
   사람들은 수 년 동안 지구는 평면이라고 믿었다.

6. I will catch you up in a few minutes.
   몇 분 내로 따라 갈게.

7. Please add a little milk to the coffee.
   커피에 우유를 조금 넣어주세요.

8. We need a few more chairs in the office.
   우리는 사무실에 의자가 몇 개 더 필요합니다.

9. James offered me a few useful suggestions.
   제임스는 나에게 몇 가지 유용한 제안을 했다.

10. You have to leave a little space between the fridge and the wall.
    냉장고와 벽 사이에 약간의 공간을 두어야 합니다.

11. No one was aware of the risks.
    아무도 위험을 알지 못했다.

12. I am ashamed of my carelessness.
    나는 나의 경솔함을 부끄럽게 여긴다.

13. The baby has fallen asleep on the bed.
    그 아기는 침대에서 잠이 들었다.

14. All the passengers and crew were rescued alive.
    모든 승객과 승무원들은 살아서 구조되었다.

15. A strong cup of coffee will help you stay awake.
    진한 커피 한잔이 당신이 깨어 있도록 도움을 줄 것이다.

16. A man was raking up fallen leaves in the garden.
    한 남자가 정원에서 낙엽을 쓸어 담고 있다.

17. The total number of students in the class is fifteen.
    그 학급의 학생 총 수는 15 명이다.

18. Cocoa is one of the main ingredients in chocolate.
    코코아는 초콜릿의 주 재료 중의 하나이다.

19. Bill Clinton is the former President of the United States.
    빌 클린턴은 미국의 전 대통령이다.

20. About one million live animals are imported into the country every year.
    약 백만 마리의 살아 있는 동물들이 매년 그 나라로 수입된다.

21. Today is another cool autumn day.
    오늘도 선선한 가을 날이다.

22. Anna is wearing her tiny gold earrings.
    안나는 그녀의 아주 작은 금 귀걸이를 하고 있다.

23. It was a long hot summer day when I met her.
    내가 그녀를 만났던 때는 어느 길고 더운 여름 날이었다.

24. He was so bored with his monotonous daily routine.
    그는 단조로운 일상의 업무에 지루함을 느꼈다.

25. I put the egg yolks in a large, round, mixing bowl.
    나는 달걀 노른자를 크고 둥근 섞는 그릇에 담았다.

Chapter 10   p. 99

1. late 2. lately 3. heavily 4. heavy
5. quickly 6. quick 7. really 8. real
9. extremely 10. extreme
11. hard 12. quiet 13. bravely 14. hardly
15. quietly 16. carefully / careful
17. well / good 18. occasionally / occasional
19. terribly / terrible 20. angry / angrily

21. The weather is too hot today.
    오늘 날씨가 너무 덥다.

22. The audience laughed loudly.
    청중들은 큰소리로 웃었다.

23. He didn't know her very well then.
    그때 그는 그녀를 잘 알지 못했다.

24. Alex forgot his appointment completely.
    알렉스는 자신의 약속을 완전히 잊고 있었다.

25. The player became famous immediately after the match.
    그 선수는 그 경기 후 즉시 유명해졌다.

1 – 20 해석

1. I arrived home late.
   나는 집에 늦게 도착했다.

2. Have you seen Monica lately?
   최근에 모니카를 본 적이 있어?

3. Snow was falling very heavily.
   눈이 매우 많이 오고 있었다.

4. I couldn't go out because of the heavy rain.
   나는 폭우 때문에 외출을 하지 못했다.

5. We need to do something quickly.
   우리는 무언가를 빨리 해야 한다.

6. We are going to take a quick break.
   우리는 잠시 휴식을 취할 것이다.

7. I am really not sure what was wrong.
   나는 무엇이 잘못되었는지 정말 알지 못한다.

8. If things go wrong, you will be in real trouble.
   만약 일이 잘못되면, 당신은 큰 곤경에 처하게 될 것이다.

9. Houses in London are extremely expensive.
   런던의 집은 엄청나게 비싸다.

10. Some people are living in extreme poverty.
    어떤 사람들은 극심한 빈곤 속에 살고 있다.

11. Jack studies hard to pass the test.
    잭은 시험에 합격하기 위해 열심히 공부한다.

12. I want to find a quiet place to take a rest.
    나는 휴식을 취할 조용한 장소를 찾기를 원한다.

13. The soldiers resisted the enemy bravely.
    군인들은 용감하게 적에 대항했다.

14. They are twins, so I can hardly tell who was who.
    그들은 쌍둥이이다, 그래서 나는 누가 누구인지 알 수 없다.

15. She spoke so quietly that I could not hear what she said.
    그녀는 너무 조용히 말해서 나는 그녀가 하는 말을 거의 들을 수 없었다.

16. Tom drives carefully. He is a careful driver.
    톰은 조심스럽게 운전한다. 그는 주의 깊은 운전자이다.

17. Jane plays tennis well. She is a good tennis player.
    제인은 테니스를 잘 친다. 그녀는 우수한 테니스 선수이다.

18. I occasionally drink. I am an occasional drinker.
    나는 가끔씩 (술을) 마신다. 나는 가끔씩 술을 마시는 사람이다.

19. My brother cooks terribly. He is a terrible cook.
    나의 형은 (오빠는) 요리가 형편없다. 그는 형편없는 요리사이다.

20. Ann was angry at Jacob. She reacted angrily to him.
    앤은 제이콥에게 화가 났다. 그녀는 그에게 화난 반응을 보였다.

Chapter 11   p. 108

1. bigger   biggest 2. sadder   saddest
3. easier   easiest 4. heavier   heaviest
5. more comfortable   most comfortable
6. worse   worst 7. less   least 8. more   most
9. further   furthest 10. latter   last

11. Bill is taller than Allen.
12. John runs faster than Tom.
13. The elephant is larger than the hippo.
14. Football is more popular than basketball.
15. A laptop is more expensive than a desktop.

16. the longest 17. the kindest
18. the coldest 19. the most boring
20. more intelligent than

21. in our class sings better
22. does not earn as much money
23. works harder than any other boy
24. have never seen such a tall building
25. in the United States is as large

11 – 25 해석

11. Allen is tall.
    앨런은 키가 크다.
    → Bill is taller than Allen.
    빌은 앨런보다 더 키가 크다.

12. Tom runs fast.
    톰은 빨리 달린다.
    → John runs faster than Tom.
    존은 톰보다 더 빨리 달린다.

13. The hippo is large.
하마는 크다.
   → The elephant is larger than the hippo.
   코끼리는 하마보다 더 크다.

14. Basketball is popular.
농구는 인기가 있다.
   → Football is more popular than basketball. 축구는 농구보다 더 인기가 있다.

15. A desktop is expensive.
사무용 컴퓨터는 비싸다.
   → A laptop is more expensive than a desktop. 휴대용 컴퓨터는 사무용 컴퓨터보다 더 비싸다.

16. Brazil is the longest country in South America.
브라질은 남미에서 가장 긴 나라이다.

17. He is the kindest person that I have ever met.
그는 내가 지금껏 만난 가장 친절한 사람이다.

18. What is the coldest month of the year in Korea?
한국에서 가장 추운 달은 언제인가?

19. It was probably the most boring film I have seen.
이것은 아마도 내가 본 가장 지루한 영화일 것이다.

20. The dog is more intelligent than any other domesticated animal.
개는 집에서 기르는 다른 어떤 동물들보다 더 영리하다.

21. Maria is the best singer in our class.
마리아는 우리 반에서 가장 노래를 잘 부른다.
No one in our class sings better than Maria. 우리 반의 어느 누구도 마리아보다 노래를 잘 부르지 못한다.

22. Cathy earns more money than Emma.
캐시는 엠마보다 돈을 더 많이 번다.
Emma does not earn as much money as Cathy.
엠마는 캐시만큼 돈을 많이 벌지 못한다.

23. Chris works the hardest in the group.
크리스는 그 그룹에서 가장 열심히 일한다.
Chris works harder than any other boy in the group.
크리스는 그 그룹의 어느 누구보다 더 열심히 일한다.

24. This is the tallest building I have ever seen.
이것은 내가 지금까지 본 가장 높은 건물이다.

I have never seen such a tall building before.
나는 전에는 그렇게 높은 건물을 본 적이 없다.

25. New York is the largest city in the United States.
뉴욕은 미국에서 가장 큰 도시이다.
No other city in the United States is as large as New York.
미국의 어느 다른 도시도 뉴욕만큼 크지 않다.

Chapter 12   p. 119

1. to waste   2. to take   3. to study   4. to work
5. to buy   6. her to be   7. me to finish
8. him to join   9. us not to park
10. them to book   11. of you to help
12. for us to work   13. for me to understand
14. of him to send   15. for her to say   16. run
17. tell   18. fly   19. call   20. come
21. have been ill
22. have arrived at the airport
23. have told the truth
24. hear the news   25. know nothing about it

1 – 25 해석

1. We have no time to waste.
우리는 낭비할 시간이 없다.

2. I got up early to take the first train.
나는 첫 기차를 타기 위해 일찍 일어났다.

3. He decided to study physics at college.
그는 대학에서 물리학을 공부하기로 결정했다.

4. We agreed to work on the project together.
우리는 그 프로젝트를 함께 하기로 동의했다.

5. John went into a grocery store to buy some food.
존은 음식을 사기 위해 식품점으로 들어 갔다.

6. I expect her to be here in an hour.
나는 그녀가 한 시간 내로 도착할 것으로 예상한다.

7. She asked me to finish the report on time.
그녀는 내가 보고서를 제시간에 마칠 것을 요구했다.

8. His parents persuaded him to join the army.
그의 부모님은 그를 설득하여 군에 입대하게 했다.

9. The man warned us not to park on double yellow lines.
그 남자는 우리에게 두 줄 황색선에 주차하지 말라고

경고했다.

10. I recommended them to book a room with a view of the lake.
나는 그들에게 호수가 보이는 방을 예약할 것을 추천했다.

11. It was very kind of you to help me.
친절하게 도움을 주셔서 고맙습니다.

12. Today's weather is too hot for us to work.
오늘은 날씨가 너무 더워 일을 할 수가 없다.

13. The book was too difficult for me to understand.
그 책은 너무 어려워 내가 이해할 수가 없었다.

14. It was very thoughtful of him to send her a present.
그는 사려 깊게 그녀에게 선물을 보냈다.

15. There is nothing left for her to say about the matter.
그녀는 그 문제에 관해 더 이상 할 말이 없다.

16. I saw a man run down the street last night.
나는 어젯밤 한 남자가 거리를 뛰어내려 가는 것을 보았다.

17. I will let him tell you more about our plan.
나는 그가 우리 계획에 관해 귀하에게 더 설명을 하도록 하겠습니다.

18. We watch birds fly to the south every autumn.
우리는 매년 가을이면 새들이 남쪽으로 날아가는 것을 본다.

19. I heard someone call my name in the distance.
나는 누군가가 멀리서 내 이름을 부르는 소리를 들었다.

20. If you work hard, you can make your dream come true.
열심히 노력한다면, 당신의 꿈을 실현시킬 수 있다.

21. It seems that she was ill.
She seems to have been ill.
그녀는 아팠던 것처럼 보인다.

22. I'm sure they arrived at the airport.
They must have arrived at the airport.
그들은 분명히 공항에 도착했을 것이다.

23. I still believe that he told the truth.
I still believe him to have told the truth.
나는 여전히 그가 사실을 말했다고 믿고 있다.

24. We were surprised when we heard the news.

We were surprised to hear the news.
우리는 그 소식을 듣고 놀랐다.

25. She pretended that she knew nothing about it.
She pretended to know nothing about it.
그녀는 그것에 관해 아무 것도 모르는 척했다.

Chapter 13   p. 128

1. crying 2. playing 3. learning 4. going
5. arriving 6. to see 7. to continue 8. fishing
9. committing 10. to study 11. painting
12. to sign 13. leaving 14. to postpone
15. to get 16. Finding a good friend
17. his coming on time 18. trying to reason
19. meeting anyone 20. taking off

21. (to fix) 우리는 펑크 난 타이어를 고치기 위해 (차를) 멈추었다.

22. (having met) 나는 그녀를 전에 어디서 만난 적이 있다.

23. (to bring) 나는 우산 가져오는 것을 잊어 새 것을 사야 한다.

24. (to defend) 만약 우리가 스스로 방어하려 노력하지 않는다면, 누구도 우리를 도와줄 수 없다.

25. (having neglected) 마이크는 학창 시절 학업을 게을리했던 것을 후회한다.

1 – 20 해석

1. The baby kept on crying.
그 아기는 계속해서 울고 있었다.

2. Maria is good at playing the violin.
마리아는 바이올린 연주를 잘한다.

3. I am interested in learning Japanese.
나는 일본어를 배우는 것에 흥미가 있다.

4. The boy is afraid of going up to high places.
그 소년은 높은 장소에 올라 가는 것을 두려워한다.

5. He rented a car after arriving at the airport.
그는 공항에 도착한 후 차를 빌렸다.

6. I hope to see you again soon.
나는 곧 당신을 다시 만나기를 희망합니다.

7. We have agreed to continue the project.
우리는 그 프로젝트를 계속하기로 동의했다.

8. The old man enjoys fishing with his grandson.
그 노인은 손자와 낚시하는 것을 즐긴다.

9. The suspect admitted committing the crime.
그 용의자는 죄를 지은 것을 인정했다.

10. She wants to study art in France.
그녀는 프랑스에서 미술을 공부하기를 원한다.

11. We finished painting the wall.
우리는 벽에 페인트 칠하는 것을 끝냈다.

12. He refused to sign the contract.
그는 계약서에 서명하기를 거절했다.

13. Would you mind leaving the door open?
문을 열어 두어도 괜찮을까요?

14. They decided to postpone the meeting.
그들은 회의를 연기하기로 결정했다.

15. I never expected him to get through to the finals.
나는 그가 결승에 진출할 것으로 예상하지 못했다.

16. It is difficult to find a good friend.
Finding a good friend is difficult.
좋은 친구를 찾는 것은 어렵다.

17. I am sure that he will come on time.
I am sure of his coming on time.
나는 그가 제 시간에 올 것으로 확신한다.

18. It is useless to try to reason with him.
It is of no use trying to reason with him.
그를 설득하려 애쓰는 것은 소용없다.

19. I don't want to meet anyone today.
I don't feel like meeting anyone today.
나는 오늘은 아무도 만나고 싶지 않다.

20. Our flight couldn't take off because of heavy snow.
Heavy snow kept our flight from taking off.
우리가 탄 비행기는 폭설 때문에 이륙할 수 없었다.

Chapter 14   p. 135

1. setting 2. barking 3. waiting
4. depressing 5. disappointing
6. lost 7. fallen 8. broken 9. shocked
10. forgotten 11. exciting 12. broken
13. writing 14. pleased 15. looking
16. confused / confusing 17. boring / bored
18. exhausting / exhausted
19. excited / exciting
20. embarrassing / embarrassed

21. Coming home, I will talk to him.

22. Finishing his work, John left the office.

23. Having a lot of work to do today, I cannot attend the party.

24. Sitting on the sofa, we watched the football game.

25. The weather being cloudy tomorrow, we will stay at home.

1 - 25 해석

1. setting sun 석양
2. barking dogs 짖는 개
3. waiting people 기다리는 사람들
4. depressing weather 우울한 날씨
5. disappointing result 실망스러운 결과

6. lost wallet 잃어버린 지갑
7. fallen leaves 낙엽 (떨어진 잎)
8. broken heart 상처받은 마음
9. shocked audience 충격 받은 청중
10. forgotten memory 잊고 있던 기억

11. The story was exciting.
그 이야기는 재미있었다.
12. The window was broken.
창문이 깨졌다.
13. I saw her writing a letter.
나는 그녀가 편지를 쓰고 있는 것을 보았다.
14. We were all pleased at the news.
우리는 모두 그 소식을 듣고 기뻐했다.
15. We were looking at the bulletin board.
우리는 게시판을 바라보고 있었다.

16. I was confused by her confusing story.
나는 그녀의 모호한 말에 혼란스러웠다.
17. Because the film was boring, we were all bored.
영화가 재미가 없어서 우리는 지루했다.
18. The journey was exhausting, so we were exhausted.
힘든 여행으로 우리는 녹초가 되었다.
19. The boys were excited when they heard the exciting story.
재미있는 이야기를 듣고 소년들은 신이 났다.
20. His embarrassing behavior made me embarrassed.
그의 당혹스러운 행동이 나를 당황케 했다.

21. When I come home, I will talk to him.

Coming home, I will talk to him.
집에 와서, 그에게 말하겠다.

22. After he finished his work, John left the
office.
Finishing his work, John left the office.
자신의 일을 마친 후, 존은 사무실을 떠났다.

23. As I have a lot of work to do today, I cannot
attend the party.
Having a lot of work to do today, I cannot
attend the party.
나는 오늘은 할 일이 많아서, 파티에 참석할 수가 없다.

24. While we were sitting on the sofa, we
watched the football game.
Sitting on the sofa, we watched the
football game.
소파에 앉아서, 우리는 축구 경기를 보았다.

25. If the weather is cloudy tomorrow, we will
stay at home.
The weather being cloudy tomorrow, we
will stay at home.
내일 날씨가 흐리면, 우리는 집에 머물 것이다.

Chapter 15   p. 146

1. in 2. at 3. on 4. by 5. until
6. to 7. at 8. on 9. under 10. in
11. over 12. through 13. toward
14. between 15. across 16. below
17. around 18. down 19. out 20. behind
21. along with 22. in spite of 23. Apart from
24. due to 25. In addition to

1 – 25 해석

1. His contract ends in July.
그의 계약은 7월에 끝난다.

2. I am ready to start at any time.
나는 언제라도 출발할 준비가 되어있다.

3. The meeting will be held on Friday.
회의는 금요일에 열릴 것이다.

4. Everything will be ready by tomorrow
morning.
내일 아침까지는 모든 것이 준비될 것이다.

5. The shop will not be open until next
Wednesday.
그 상점은 다음주 수요일까지 열지 않는다.

6. He moved to London last year.
그는 작년에 런던으로 이사했다.

7. I met my uncle by chance at the airport.
나는 공항에서 우연히 삼촌을 만났다.

8. A large painting was hanging on the wall.
큰 그림이 벽에 걸려있었다.

9. I found something glittering under the table.
나는 테이블 아래 반짝이는 것을 보았다.

10. He always keeps a handkerchief in his
pocket.
그는 항상 주머니에 손수건을 지니고 다닌다.

11. There is a bridge over the river.
강 위로 다리가 하나 있다.

12. We found a narrow path through the forest.
우리는 숲을 가로지르는 오솔길을 발견했다.

13. A herd of cattle was moving toward the
river.
소 떼가 강을 향해 움직이고 있었다.

14. The river forms a border between the two
countries.
그 강은 두 나라의 경계를 이루고 있다.

15. He plans to travel across Europe by
bicycle this summer.
그는 이번 여름 자전거로 유럽 횡단을 계획한다.

16. It was five degrees below zero last night.
어젯밤에는 영하 5도였다.

17. It will take a week to look around the whole
city.
도시 전체를 구경하는데 일주일 걸린다.

18. I am sorry, but I have to turn down your
proposal.
미안하지만 당신의 제안을 거절합니다.

19. On average, I eat out at a restaurant three
times a week.
평균적으로, 나는 일주일에 세 번 식당에서 외식한다.

20. We arrived at our destination three hours
behind schedule.
우리는 예정보다 3시간 늦게 목적지에 도착했다.

21. He decided to go along with her.
그는 그녀와 함께 가기로 결정했다.

22. The football finals continued in spite of the
heavy rain.
축구 결승전은 폭우에도 불구하고 계속 진행되었다.

23. Apart from spelling mistakes, his writing
lacks imagination.

철자 오류는 제외하더라도, 그의 글은 상상력이 부족하다.

24. The ferry service will be closed for a week due to the storm.
폭풍 때문에 페리 운행은 일주일 동안 중단될 것이다.

25. In addition to a fitness center, they will build a swimming pool.
스포츠 센터에 더해서 그들은 수영장도 지을 것이다.

Chapter 16   p. 152

1. but 2. or 3. nor 4. and 5. so 6. until
7. when 8. before 9. although 10. because
11. while 12. whereas 13. after
14. whenever 15. since 16. Unless 17. If
18. whether 19. Even if 20. in case
21. not only 22. as well as 23. neither
24. No sooner 25. both

1 – 25 해석

1. He tried hard but could not succeed.
그는 열심히 노력했지만 성공하지 못했다.

2. Is it Tuesday or Wednesday today?
오늘이 화요일인가요, 아니면 수요일인가요?

3. I don't know what he said, nor do I want to.
나는 그가 무슨 말을 했는지 알지 못하고 또 알고 싶지도 않다.

4. Thomas and Maggie are playing table tennis.
토마스와 메기는 탁구를 치고 있다.

5. He overslept this morning, so he was late for school.
그는 오늘 아침 늦잠을 자서 학교에 지각했다.

6. She had lived in Paris until she was twelve.
그녀는 12세가 될 때까지 파리에서 살았다.

7. The man ran away when he saw a policeman.
그 남자는 경찰을 보자 달아났다.

8. Don't forget to close the window before you leave.
나가기 전에 창문 닫는 것을 잊지 마세요.

9. John and his brother look alike, although they are not twins.
존과 그의 동생은 쌍둥이는 아니지만 아주 닮았다.

10. James was in the hospital for a month because he had a car accident.
제임스는 교통사고로 인해 병원에 한 달 입원했었다.

11. I read a newspaper while I waited for the train.
나는 기차를 기다리는 동안 신문을 읽었다.

12. Some people enjoy coffee, whereas others hate it.
어떤 사람들은 커피를 즐기지만, 또 어떤 사람들은 커피를 싫어한다.

13. He started his own business after he finished college.
그는 대학을 졸업한 후 자신의 사업을 시작했다.

14. Hellen reminded him of his mother whenever he met her.
그는 헬렌을 볼 때마다 그의 어머니 생각이 났다.

15. I have not heard from Monica since she moved to New York.
나는 모니카가 뉴욕으로 이사간 후, 그녀로부터 소식을 듣지 못했다.

16. Unless you hurry, you will get stuck in traffic.
서두르지 않으면, 교통체증에 걸릴 것이다.

17. If you take some rest, you will feel a lot better.
휴식을 좀 취하면, 훨씬 나아질 것이다.

18. It doesn't matter to me whether you believe it or not.
당신이 그것을 믿거나 말거나 내가 상관할 바가 아니다.

19. Even if you fail this time, you will have another chance.
이번에 실패하더라도, 또 기회가 있을 것이다.

20. We need to keep some cash in case they don't accept credit cards.
그들이 신용카드를 받지 않는 경우에 대비해서 약간의 현금을 가져가야 할 필요가 있다.

21. She is not only intelligent but also very kind.
그녀는 지적일 뿐 아니라 매우 친절하다.

22. The store sells vegetables as well as canned food.
저 상점은 통조림 식품은 물론 야채도 판다.

23. The mayor neither confirmed nor denied the rumors.
그 시장은 루머에 대해서 긍정도 부정도 하지 않았다.

24. No sooner had she closed her eyes than she fell asleep.
그녀는 눈을 감자 마자 잠이 들었다.

25. Sound sleep will refresh you both mentally and physically.
숙면은 정신과 신체 모두에 활력을 준다.

Chapter 17　　　　　　　　　　**p. 161**

1. that 2. which 3. which 4. that 5. who
6. who 7. whom 8. which 9. that 10. who
11. which 12. whose 13. who 14. of which
15. in which 16. at whom 17. under which
18. of which 19. without which 20. for whom

21. Wright brothers were American inventors who built the first airplane.
22. He is a renowned writer whose books have sold more than 10 million copies internationally.
23. The jeans that I bought yesterday were torn and stained.
24. The athlete who won the Olympic gold medal broke the world record.
25. I am looking for someone who will take care of my dog while I am away.

1 – 25 해석

1. Brian is the only person that I can trust.
브라이언은 내가 믿을 수 있는 유일한 사람이다.

2. The puppy which is chasing its tail is Joe's pet.
제 꼬리를 쫓고 있는 강아지는 조의 애완견이다.

3. This is the painting which I want to purchase.
이것이 내가 사고 싶어 하는 그림이다.

4. You are having the same trouble that I once had.
당신은 내가 한 때 겪었던 어려움을 겪고 있다.

5. The girl who is singing on the stage is my cousin.
무대에서 노래히는 소녀는 나의 사촌이다.

6. The old lady lives with his son who is a famous actor.
그 노부인은 유명한 배우인 아들과 함께 살고 있다.

7. Do you know the woman with whom Jenny is speaking?
당신은 제니와 이야기하고 있는 여인을 아나요?

8. George was born in a fishing village which is close to Boston.
조지는 보스턴에서 가까운 어촌에서 태어났다.

9. The man and his dog that are strolling in the park live next door.
공원에서 산책을 하는 그 남자와 그의 개는 이웃에 산다.

10. Two stout men who were wearing black masks entered the bank.
검은 복면을 한 건장한 두 남자가 은행으로 들어왔다.

11. The flight which we are going to take has been canceled.
우리가 타려고 하는 비행기는 취소되었다.

12. The man whose car broke down on the motorway is my colleague.
자신의 승용차가 고속도로에서 주저앉은 남자는 나의 직장 동료이다.

13. My uncle, who is a taxi driver, had a car accident this morning.
나의 삼촌은, 택시 기사인데, 오늘 아침 교통 사고를 당했다.

14. America consists of 50 states, of which the largest by population is California.
미국은 50 개 주로 이루어져 있다, 그중 인구가 가장 많은 주는 캘리포니아이다.

15. The stadium in which the final match was held accommodated 50000 people.
결승전이 열린 그 운동장은 5 만 명의 관객을 수용했다.

16. Who is the woman at whom you are smiling?
당신이 보고 웃고 있는 저 여인은 누구입니까?

17. The tree under which we took a rest was a big oak.
우리가 아래서 휴식을 취했던 나무는 커다란 참나무였다.

18. The building of which the wall is painted white is the city hall.
벽이 흰색으로 칠해진 건물은 시청이다.

19. We had a map of the area, without which we would have got lost.
우리는 그 지역의 지도를 갖고 있었다, 그것이 없었다면 우리는 길을 잃었을 것이다.

20. Have you chosen a candidate for whom you are going to vote in the next election?
당신은 다음 선거에서 지지 투표를 할 후보자를 선택했나요?

21. Wright brothers were American inventors.
라이트 형제는 미국의 발명가였다.

They built the first airplane.
그들은 최초로 비행기를 만들었다.

Wright brothers were American inventors who built the first airplane.
라이트 형제는 최초로 비행기를 만든 미국의 발명가였다.

22. He is a renowned writer.
그는 유명한 작가이다.

His books have sold more than 10 million copies internationally.
그의 저서들은 세계적으로 천 만부 이상이 팔렸다.

He is a renowned writer, whose books have sold more than 10 million copies internationally.
그는 유명한 작가인데, 그의 저서들은 세계적으로 천 만부 이상이 팔렸다.

23. I bought the jeans yesterday.
나는 어제 데님 바지를 샀다.

The jeans were torn and stained.
그 바지는 찢어지고 얼룩이 있었다.

The jeans that I bought yesterday were torn and stained.
내가 어제 산 데님 바지는 찢어지고 얼룩이 있었다.

24. The athlete won the Olympic gold medal.
그 선수는 올림픽 금메달을 땄다.

The athlete broke the world record.
그 선수는 세계 기록을 경신했다.

The athlete who won the Olympic gold medal broke the world record.
올림픽에서 금메달을 딴 그 선수는 세계 기록을 경신했다.

25. I am looking for someone.
나는 누군가를 찾고 있다.

He will take care of my dog while I am away.
그는 내가 없는 동안 나의 개를 돌봐 줄 것이다.

I am looking for someone who will take care of my dog while I am away.
나는 내가 없는 동안 나의 개를 돌봐 줄 사람을 찾고 있다.

1. where 2. when 3. how 4. why 5. how
6. when 7. where 8. why 9. where 10. how
11. where 12. when 13. why 14. when
15. how 16. in which 17. in which
18. for which 19. in which 20. for which
21. Whoever 22. Whenever 23. However
24. whatever 25. Wherever
* 17. in which는 생략할 수 있음. 19. at which 도 정답.

1 – 25 해석

1. I will tell you where Morris lives.
모리스가 어디 사는지 말해 줄게.

2. We will leave when the rain stops.
우리는 비가 멈추면 떠날 것이다.

3. I don't know how he is going to react.
나는 그가 어떻게 반응할지 모르겠다.

4. Do you know the reason why John left early?
당신은 존이 왜 일찍 떠났는지 아나요?

5. Please explain to me how this machine works.
이 기계가 어떻게 작동하는지 내게 설명해주세요.

6. The day when I arrived was hot and humid.
내가 도착했던 날은 덥고 습기가 많았다.

7. I still remember the place where we first met.
나는 아직도 우리가 처음 만났던 장소를 기억한다.

8. Maggie never told me the reason why she left school.
메기는 왜 그녀가 학교를 중퇴했는지 내게 말해주지 않았다.

9. I am looking for a nice hotel where I can stay for a week.
나는 일주일 동안 묵을 괜찮은 호텔을 찾고 있다.

10. We have to figure out how we can get her out of trouble.
우리는 그녀를 곤경에서 벗어나게 할 방법을 알아내야 한다.

11. Here is the restaurant at which I often eat lunch.
Here is the restaurant where I often eat lunch.
이곳은 내가 종종 점심을 먹는 식당이다.

12. July is the month in which the summer begins.
   July is the month when the summer begins.
   7월은 여름이 시작하는 달이다.

13. I don't see the reason for which we have to do this.
   I don't see the reason why we have to do this.
   나는 왜 우리가 이것을 해야 하는지 이유를 알지 못한다.

14. He fell in love from the moment at which he first saw her.
   He fell in love from the moment when he first saw her.
   그는 그녀를 처음 본 순간 사랑에 빠졌다.

15. I have got some ideas on the way we can solve this problem.
   I have got some ideas on how we can solve this problem.
   나는 우리가 이 문제를 해결할 수 있는 방법에 관한 아이디어가 있다.

16. Autumn is the season when the sky is high and clear.
   Autumn is the season in which the sky is high and clear.
   가을은 하늘이 높고 맑은 계절이다.

17. Julia does not pay much attention to how she dresses.
   Julia does not pay much attention to the way she dresses.
   줄리아는 옷을 어떻게 입어야 하는지에 관해 관심이 없다.

18. I don't see any reason why we can't finish the project on time.
   I don't see any reason for which we can't finish the project on time.
   나는 우리가 이 프로젝트를 제시간에 끝내지 못할 이유를 알지 못한다.

19. Do you remember the place where you left your briefcase?
   Do you remember the place in which you left your briefcase? (at which)
   당신은 당신의 서류가방을 두고 온 장소를 기억하나요?

20. I cannot figure out the reason why Emily turned down the offer.

I cannot figure out the reason for which Emily turned down the offer.
나는 에밀리가 왜 그 제안을 거절했는지 이해가 되지 않는다.

21. Anyone who comes first will get the prize.
   Whoever comes first will get the prize.
   누구든 먼저 오는 사람이 상을 받을 것이다.

22. At any time when you are in trouble, ask me to help.
   Whenever you are in trouble, ask me to help.
   곤란한 일이 생기면 언제라도 나에게 도움을 요청하세요.

23. No matter how rich you may be, you cannot buy happiness.
   However rich you may be, you cannot buy happiness.
   당신이 아무리 부자라도, 행복을 살 수는 없다.

24. I decided to visit Switzerland this summer, no matter what it costs.
   I decided to visit Switzerland this summer, whatever it costs.
   나는 비용이 얼마가 들지라도 이번 여름에는 스위스를 방문하기로 결정했다.

25. No matter where you go in this city, you will see people riding bikes.
   Wherever you go in this city, you will see people riding bikes.
   당신은 이 도시의 어디를 가더라도, 자전거를 타는 사람들을 볼 것이다.

Chapter 19 p. 183

1. drove 2. flown 3. seek 4. stole 5. worn
6. rises 7. lives 8. wants 9. realized
10. will bring 11. has eaten 12. Have / heard

13. have not heard 14. has stopped
15. have been looking 16. are visiting
17. was watching 18. has been studying
19. is raining 20. has been working

21. have to hurry / will have to hurry
22. will not go / are not going to go / cannot go
23. turned 24. have never visited
25. has wondered

6. The sun rises in the east.
   태양은 동쪽에서 뜬다.

7. Anna lives with her parents.
   안나는 그녀의 부모님과 함께 산다.

8. He wants to talk to you right now.
   그는 당신과 지금 이야기하기를 원한다.

9. I realized how important it is to study history.
   나는 역사를 공부하는 것이 얼마나 중요한지 깨달았다.

10. Wait a minute; I will bring something to drink for you.
    잠시 기다리세요; 당신에게 마실 것을 갖고 오겠습니다.

11. She has eaten nothing since last night.
    그녀는 어제 저녁부터 아무 것도 먹지 않았다.

12. Have you heard from Dennis since he left school?
    데니스가 학교를 떠난 이후 그로부터 소식을 들었나요?

13. I have not heard anything from her for a long time.
    나는 그녀로부터 오랫동안 소식을 듣지 못했다.

14. My computer has stopped working since this morning.
    내 컴퓨터가 오늘 아침부터 작동하지 않는다.

15. I have been looking for you the whole morning. Where have you been?
    나는 오전 내내 당신을 찾고 있었어요. 어디에 있었나요?

16. We are visiting Venice next month.
    우리는 다음 달 베니스를 방문한다.

17. I was watching television when he called me.
    그가 내게 전화를 했을 때 나는 TV를 보고 있었다.

18. Amanda has been studying French for two years.
    아만다는 불어를 2년 동안 공부해왔다.

19. It is raining outside, so we have to stay home today.
    밖에는 비가 오고 있다, 그래서 오늘 우리는 집에 머물러야 한다.

20. Boris has been working as a lawyer for the last three years.
    보리스는 지난 3년 동안 변호사로 일하고 있다.

21. You will have to hurry if you don't want to miss that train.
    저 기차를 놓치지 않으려면 서둘러야 한다.

22. We cannot go for a walk, because the weather has changed.
    날씨가 바뀌었으므로 우리는 산책을 갈 수 없다.

23. After the king conquered Europe, he turned his attention to Africa.
    왕은 유럽을 정복한 후, 관심을 아프리카로 돌렸다.

24. I have been to many countries in Europe, but I have never visited Sweden.
    나는 유럽의 많은 나라를 다녔지만, 스웨덴은 가보지 못했다.

25. Throughout history, humanity has wondered whether there is life in space.
    역사를 통틀어, 인류는 외계에 생명체가 있는지 궁금증을 가져왔다.

Chapter 20   p. 193

1. were 2. were 3. had 4. knew 5. were
6. If I had been a millionaire
7. If you had worked hard
8. If she had not been busy
9. If the road had not been slippery
10. If you had arrived on time

11. had studied 12. had listened
13. had accepted 14. had failed
15. had not missed
16. Had you told me earlier
17. Should we go by train
18. Should you need my advice
19. Had the weather been sunny
20. Had you worked harder

21. as if 22. Even if 23. Provided that
24. But for 25. Unless

1 – 25 해석

1. If he were here, I would ask him to help.
   그가 여기 있다면, 그에게 도움을 청할 텐데.

2. If I were a millionaire, I could buy the island.
   내가 백만장자라면, 그 섬을 살 수 있을 텐데.

3. If I had no class today, I would go to the concert.
   오늘 수업이 없다면, 콘서트에 갈 텐데.

4. If he knew the answer, he would tell you immediately.
만약 그가 답을 안다면, 당신에게 즉시 알려주었을 것이다.

5. If it were not raining, I would go to the park with friends.
지금 비가 오지 않는다면, 친구들과 공원에 갔을 것이다.

6. As I was not a millionaire, I could not buy the island.
나는 백만장자가 아니었기 때문에, 그 섬을 살 수 없었다.
If I had been a millionaire, I could have bought the island.
내가 백만장자였더라면 그 섬을 샀을 것이다.

7. As you did not work hard, you didn't pass the test.
너는 열심히 공부하지 않았기 때문에, 그 시험에 합격하지 못했다.
If you had worked hard, you would have passed the test.
네가 열심히 공부했더라면, 그 시험에 합격했을 것이다.

8. Because she was busy, she could not stay with us last week.
그녀는 바빴기 때문에, 지난주 우리와 함께 지낼 수 없었다.
If she had not been busy, she could have stayed with us last week.
만약 그녀가 바쁘지 않았다면, 지난주 우리와 함께 지낼 수 있었을 것이다.

9. Because the road was slippery with snow, I had a car accident.
길이 눈으로 미끄러웠기 때문에, 나는 자동차 사고가 났다.
If the road had not been slippery with snow, I would not have had a car accident.
길이 눈으로 미끄럽지 않았다면, 나는 자동차 사고가 나지 않았을 것이다.

10. As you did not arrive on time, you missed the train.
당신은 제시간에 도착하지 않았기 때문에, 기차를 놓쳤다.
If you had arrived on time, you would not have missed the train.
만약 당신이 제시간에 도착했더라면, 기차를 놓치지 않았을 것이다.

11. If you had studied law at university, you might be a lawyer now.
만약 당신이 대학에서 법을 공부했더라면, 지금은 변호사가 되었을 수도 있다.

12. If he had listened to my advice, he would not be in trouble now.
당신이 내 조언을 들었더라면, 지금 곤란을 겪고 있지 않을 것이다.

13. If you had accepted my offer, you would be in a better situation now.
나의 제안을 받아들였다면, 지금 더 나은 상황에 처해 있을 것이다.

14. If he had failed in his business last year, he might be living in debt now.
만약 지난 해 사업에 실패했더라면, 그는 현재 빚을 지고 있을 것이다.

15. If you had not missed the plane, you would be in Washington by now.
만약 비행기를 놓치지 않았더라면, 지금쯤 당신은 워싱턴에 있을 것이다.

16. If you had told me earlier, I could have helped you.
Had you told me earlier, I could have helped you.
더 일찍 내게 말했더라면, 당신을 도울 수 있었을 것이다.

17. If we go by train, we will arrive there on time.
Should we go by train, we will arrive there on time.
만약 기차로 간다면, 제시간에 그곳에 도착할 수 있을 것이다.

18. If you need my advice, do not hesitate to contact me.
Should you need my advice, do not hesitate to contact me.
만약 나의 조언이 필요하면, 망설이지 말고 내게 연락하세요.

19. If the weather had been sunny, we would have gone to the lake.
Had the weather been sunny, we would have gone to the lake.
날씨가 화창했다면, 우리는 호수에 갔을 것이다.

20. If you had worked harder, you wouldn't worry about the exam now.
Had you worked harder, you wouldn't worry about the exam now.

만약 당신이 더 열심히 했더라면, 지금 그 시험을 걱정하지 않을 것이다.

21. He pretended as if nothing had happened.
    그는 마치 아무 것도 일어나지 않았던 것처럼 가장했다.
22. Even if you should fail this time, you will have another chance.
    이번에 실패하더라도, 또 기회가 있을 것이다.
23. Provided that you keep it secret, I will tell you what has happened.
    당신이 비밀을 지킨다면, 어떤 일이 일어났는지 당신에게 말해주겠다.
24. But for a knee injury, he would have played in the play-off last night.
    무릎 부상이 없었다면, 그는 어젯밤 결승전에 참여했을 것이다.
25. Unless something unexpected happens, we will hold the meeting at five.
    예상치 못한 일이 일어나지 않는다면, 우리는 5시에 회의를 열 것이다.

Chapter 21   p. 202

1. Old coins are collected by Tom.
2. A new computer was bought by Jane.
3. A lot of questions were asked by John.
4. A suspect was arrested by the police.
5. The postman was bitten by my neighbor's dog this morning.
6. A video camera was bought for me by her.
7. A large fortune was left for Thomas by his grandfather.
8. A few questions were asked of Jenny by the interviewer.
9. An invitation to the party will be sent to you by Michael.
10. A job as manager was offered to him by a financial company.
11. The room is always kept clean by Joan.
12. You will be made intelligent by these books.
13. He was elected chairperson by the committee.
14. Mike was allowed to go home early today by his teacher.

15. He was sentenced to 10 years' imprisonment by the court.
16. Maria was heard to sing on the stage by us.
17. The electrician was asked to look at my computer by me.
18. Jacob was seen to study in the library by her yesterday.
19. I was made to work on last Saturday by my manager.
20. Students are not allowed to wear flip flops by the school.
21. satisfied with   22. involved in
23. concerned about   24. astonished at
25. dedicated to

1 − 25 해석

1. Tom collects old coins.
   톰은 오래된 동전을 수집한다.
2. Jane bought a new computer.
   제인은 새 컴퓨터를 구입했다.
3. John asked a lot of questions.
   존은 많은 질문을 했다.
4. The police arrested a suspect.
   경찰은 용의자 한 사람을 체포했다.
5. My neighbor's dog bit the postman this morning.
   오늘 아침 이웃집 개가 우체부를 물었다.
6. She bought me a video camera.
   그녀는 나에게 캠코더를 사주었다.
7. His grandfather left Thomas a large fortune.
   토마스의 할아버지는 그에게 많은 재산을 남겼다.
8. The interviewer asked Jenny a few questions.
   면접관은 제니에게 몇 가지 질문을 했다.
9. Michael will send you an invitation to the party.
   마이클은 당신에게 파티 초대장을 보낼 것이다.
10. A financial company offered him a job as manager.
    한 금융회사가 그에게 매니저 직을 제안했다.
11. Joan always keeps the room clean.
    조안은 언제나 방을 깨끗하게 유지한다.
12. These books will make you intelligent.
    이 책들은 당신을 지성적으로 만들어 줄 것이다.

13. The committee elected him chairperson.
위원회는 그를 의장으로 선출했다.

14. His teacher allowed Mike to go home early today.
마이크의 선생님은 그가 일찍 집에 가도록 허락했다.

15. The court sentenced him to 10 years' imprisonment.
법정은 그에게 10년 형을 선고했다.

16. We heard Maria sing on the stage.
우리는 마리아가 무대에서 노래하는 것을 들었다.

17. I had the electrician look at my computer.
나는 전기공에게 내 컴퓨터를 점검하도록 시켰다.

18. She saw Jacob study in the library yesterday.
그녀는 제이콥이 어제 도서관에서 공부하는 것을 보았다.

19. My manager made me work on last Saturday.
나의 매니저는 나를 지난 토요일에 근무하게 했다.

20. The school does not let students wear flip flops.
그 학교는 학생들이 샌들을 신는 것을 허용하지 않는다.

21. Tom is satisfied with my explanation.
톰은 나의 설명에 만족했다.

22. The senator is involved in a bribery scandal.
그 상원의원은 뇌물 사건에 연루되었다.

23. The lady is always concerned about her son's health.
그 부인은 그녀의 아들의 건강을 항상 염려한다.

24. Everyone was astonished at his unexpected statement.
그의 예상치 못한 진술에 모두가 놀랐다.

25. The monument was dedicated to those who were killed in World War II.
이 기념비는 2차 세계대전에 전사한 사람들에게 바쳐졌다.

MEMO

MEMO